铁路工程施工安全与案例分析丛书

铁路隧道工程施工安全与案例分析

黄守刚　主编

中国铁道出版社

2011年·北京

内容简介

受工程地质和水文地质条件制约，隧道施工作业环境差，黑暗、潮湿、粉尘多，难度大、技术复杂、多工序、工作面狭窄。创造一个安全、舒适和工厂化的作业环境就成为隧道施工安全的关键。本书以《铁路隧道工程施工安全技术规程》为指导，通过大量典型案例系统介绍了铁路隧道工程施工中的安全技术知识。通过配备大量插图将内容化繁为简，使读者能快速直观掌握隧道工程施工安全知识，增强安全意识，提高安全技术水平。

本书不仅适合于铁路工程管理与技术人员、安全专职人员参考阅读，也适合于广大铁路工人自学。

图书在版编目(CIP)数据

铁路隧道工程施工安全与案例分析/黄守刚主编．
—北京：中国铁道出版社，2011.7
（铁路工程施工安全与案例分析丛书）
ISBN 978-7-113-13031-2

Ⅰ.①铁…　Ⅱ.①黄…　Ⅲ.①铁路隧道—隧道工程—工程施工—安全技术　Ⅳ.①U459.1

中国版本图书馆 CIP 数据核字(2011)第 105167 号

书　　名： 铁路工程施工安全与案例分析丛书
铁路隧道工程施工安全与案例分析
作　　者： 黄守刚　主编

责任编辑： 徐　艳　　**电　　话：** 010-51873193
封面设计： 崔丽芳
责任校对： 张玉华
责任印制： 李　佳

出版发行： 中国铁道出版社(100054，北京市宣武区右安门西街 8 号)
网　　址： http://www.tdpress.com
印　　刷： 北京新魏印刷厂
版　　次： 2011 年 7 月第 1 版　　2011 年 7 月第 1 次印刷
开　　本： 787 mm×1 092 mm　1/16　印张：8　字数：196 千
书　　号： ISBN 978-7-113-13031-2
定　　价： 21.00 元

编写委员会

主　编：黄守刚（石家庄铁道大学）

副主编：秦　凯（中铁十三局集团）　　梁爱国（中铁十九局集团）

张金柱（中铁十二局集团）　　康拥政（石家庄铁道大学）

委　员：邓汉权（中铁二十五局集团）　　郭法生（中铁四局集团）

高俊青（中铁二十一局集团）　　李培安（中铁二十局集团）

徐宝域（中铁二十四局集团）　　张云峰（中铁四局集团）

曹万玲（中铁二十局集团）　　谢安荣（中铁二十五局集团）

廖柳红（中铁二十五局柳州公司）　　夏润禾（中交第二公路工程局有限公司）

刘　斌（中铁十一局集团）　　黄基富（中铁八局集团）

李占先（中铁十四局集团公司）　　王四虎（中铁十五局六公司）

亢新华（中铁一局集团）　　严少发（中交隧道工程局有限公司）

杨先权（中铁大桥局集团）　　王维新（中铁十八局集团）

潘建华（中铁二十二局集团）　　王立广（中交隧道工程局有限公司）

黄旭升（中铁十八局集团）　　王善高（中交隧道工程局有限公司）

吴景龙（石家庄铁道大学）　　李永华（河北交通职业技术学院）

李艳菊（河北省住房与城乡建设厅执业资格注册中心）

前　言

随着国家大规模铁路建设的展开，铁路建设投资大幅增加，施工任务重，工期紧，存在大量高处、野外、深水作业，流动性大，机械调动频繁，新工人比例高、安全意识相对较差，再加之新技术新标准的大量采用，因此铁路建设安全风险比以往更高，铁路建设安全管理任务艰巨。为适应当前的铁路建设安全形势，我们编写了铁路工程施工安全与案例分析丛书。

本丛书包括9个分册，涵盖桥涵、隧道、轨道、路基、营业线、地铁、施工机械作业、铁路工程建设安全生产管理及施工现场事故防范与处理。该系列丛书以现行铁路工程各专业施工安全技术规程为指导思想，结合铁路建设安全知识需求的实际情况，通过400余个安全案例，深入浅出地阐述了铁路工程(含地铁)各专业的施工安全管理、技术和措施的一些基本知识。各分册均配备了大量的插图，将安全知识化繁为简，书籍可读性强，使读者能快速直观掌握铁路工程施工安全基本知识，增强施工安全意识，提高安全施工技术水平。

本丛书在编写和审定过程中，奋斗在铁路建设一线的专业技术人员提出了很多宝贵意见，提供了大量的素材，在此一并表示感谢。由于作者水平有限，且时间仓促，书中难免有不足之处，敬请读者指正并提出宝贵意见。

编者

2011年6月

目　录

第一章　隧道施工安全管理概论

第一节　隧道工程施工特点

一、隧道的一般特点

隧道是铁路重要工程之一，长、大隧道常常也是控制通车期限的关键工程。与地面工程相比，隧道具有以下特点。

(1)由于隧道是地下建筑物，受地质和水文地质条件的制约，因而，施工环境差、难度大、技术复杂、要求高。隧道开挖时的坑道在未衬砌前，通常须加支撑以承受地层压力；同时地层不得暴露过久，必须及时衬砌，以免地层压力增大发生坍塌事故。

(2)隧道施工是一种多工序、多工种联合的地下作业，工作面狭窄，而且地层越差，所采用的坑道越小，工作面能容纳的人数不多，出渣、进料运输量多，施工干扰大，为加快施工进度，须以横洞、斜井、平行导坑增加工作面，施工复杂而艰巨。因而施工进度受到限制，必须全面规划，科学地组织施工。

(3)隧道工程大部分地处深山峻岭之中，场地狭小，要使用多种机械设备，需要相当数量的洞外设施来保证洞内施工；而洞外往往受地形限制，场地布置比较困难。

(4)隧道内工作条件差，空气不足，光线不好，有时还有地下水和有害气体，如发生坍塌、涌水、瓦斯等诸多不安全因素，因此，要制订出切实可行的安全技术组织措施。

(5)由于地质、水文地质以及围岩压力复杂多变，施工过程中往往需要改变施工方法；隧道工程的工作是循环性的，常常是几个工序组成一个循环，重复各个循环，使隧道工程向前进展。所以，也要求隧道施工必须不间断地连续进行。

因此，要保证隧道施工的顺利进行，必须要有严密的施工组织，并且使各工序有条不紊地按着循环作业的顺序和时间进行施工。

【案例】2006 年 2 月 7 日上午，某局承建的温福铁路(福建段)秦屿隧道出口 DK127＋701～DK127＋723 m 处左侧拱部发生坍塌。所幸及时发现并迅速撤离了人员，未造成严重后果。

(1)事故经过

该隧道出口为Ⅴ级围岩，浅埋(约 5 m)，设计施工工法为 CRD 法，实际施工时洞口 5 m 为 CRD 法，后改为三台阶法施工，且上台阶长 22 m，采用长管棚和钢架喷锚加固。2 月 7 日上午开挖左侧边墙(纵向长 1.6 m)，准备接长 2 榀钢架。由于开挖过长，钢架悬空造成失稳，于 9:40时发生坍塌。

(2)事故原因

①未按设计要求组织施工，擅自变更施工工法，违章施工，是造成事故的主要原因；

②在三台阶法施工中，超前支护施作不到位，尤其是注浆加固未能取到应有作用，开挖中槽时边墙开挖过长，钢拱架悬空、失稳，是造成事故的直接原因；

③隧道监控测量不到位，未及时进行隧道沉降观测，对测量数据没有认真分析，更无法指

导具体施工,是造成事故的重要原因;

④监理力量不足、现场监理工作不到位,没有严格要求施工单位按设计文件和施工组织设计进行施工,抱有侥幸心理,不能坚持原则,是造成事故的重要原因;

⑤工区项目部管理人员和技术干部责任心不强,对隧道施工中的困难准备不足,没有超前预想,管理上脱节,对施工作业管理存在漏洞;

⑥温福项目部对工区管理不严格,指导现场不力,对造成本次事故的隐患没有及时发现并纠正。

二、高速铁路隧道特点

速度快、乘车舒适是衡量高速铁路的主要指标。对于土建工程施工而言,就是为列车提供一个平顺的轨道结构。对于隧道施工而言,形成符合设计轮廓尺寸的坑道,进行必要的初期支护和二衬,确保隧道维修少和长久、安全运营将是长期的任务。

(1)由于列车运行速度的提高,空气动力学效应对行车、旅客乘车舒适度、洞口环境的不利影响十分明显且起控制作用。为了减弱其影响,隧道断面扩大将是一个有效措施。单洞双线隧道断面有效面积不宜小于 100 m,单线隧道断面有效面积不宜小于 70 m。从围岩稳定、结构受力及空间利用、绘图方便等角度对断面可能还要进行优化。

高速铁路隧道断面积大,为保证施工安全,在Ⅴ级围岩采用侧壁导坑法或中隔壁法施工,Ⅳ、Ⅲ级围岩和Ⅱ级围岩浅埋段采用台阶法施工,Ⅱ级围岩深埋段可采用全断面法施工。隧道开挖均采用光面爆破技术,控制超挖和避免大范围扰动围岩。隧道二次衬砌要求采用整体式大模板台车、泵送混凝土浇筑。为利用弃渣填筑路基,注意与路基协调施工。

(2)长大隧道有所增加,使得隧道成为全线控制工期的关键工程。

(3)可靠性和结构耐久性要求高。大断面隧道受力比较复杂,尤以隧道底部较为复杂,而两侧边墙底直角变化容易引起应力集中,边墙底与仰拱连接处须进行加强,且列车运行速度高,隧道维修有一定的时间限制,对隧道衬砌的安全性、耐久性和防水性能要求更高。

隧道工程一旦建成后,对衬砌结构进行维修难度极大,隧道因其结构缺陷而产生的病害往往难以彻底治理,且整治难度极大;另外高速铁路隧道结构还要受到频繁变化的微气压波的作用。因此,高速铁路隧道应高度重视结构耐久性设计。隧道主体结构是指拱墙衬砌和仰拱、底板,应按满足 100 年设计使用年限要求。

例如,客运专线隧道内对衬砌混凝土的裂缝要求就特别严格,因为客运专线隧道内空气压力在不断的变化,特别是洞内会车情况下,压力的波动对结构的表层稳定是不利的。欧洲及日本的研究成果表明:同样的一条裂纹,对普速铁路隧道来说在外荷载停止发展后,将不再继续变化;而高速铁路隧道就不同了,即使外荷载停止了发展,但在频繁变化的洞内空气压力波的作用下,裂缝还将继续发展,从而降低隧道衬砌耐久性和使用功能,甚至危及行车安全。因此,在高速铁路隧道设计中,要采取有效措施减少隧道衬砌裂缝。

(4)由于隧道结构在长期的列车动载作用及地下水侵蚀的影响下极易受到破坏,从而引起基底沉陷、道床翻浆冒泥等病害,影响运营安全,所以高速铁路对隧道底部的强度要求更高,对底板厚度和仰拱、底板混凝土的强度要求也更高。

(5)对隧道的防排水要求提高。

(6)更加重视对环境的影响。环境包括自然环境、生态环境和周边人文环境。客运专线列车以较高的速度运行，其产生的轮轨、机械、弓网和空气动力学等噪声将比普速列车明显，对环境的影响也比普速列车大。

例如，列车进入隧道后，形成压缩波，当压缩波传到隧道出口突然释放形成微气压波时，会对洞口的环境造成一定的影响，严重时会产生爆破音，影响附近的建筑物和居民的正常生活。所以客运专线隧道的修建就应该更加重视对环境的影响，围绕降低噪声、减少对自然环境、生态环境和周边人文环境的破坏，采取不同于普速铁路隧道的工程措施。

例如，在不良地质地段，若设深路堑，不仅破坏环境，而且对高速铁路的运营造成安全隐患，这时就可以设置明洞以取代深路堑，如图 1-1 所示。

图 1-1　明洞取代深路堑

(7)防灾救援要求高。高速铁路隧道中运行的主要是高速度的旅客列车，一旦发生事故和灾害，后果比一般铁路要严重得多。如何尽量避免高速度的旅客列车在隧道内发生事故和灾害，以及旅客列车在隧道内因故停车时，如何快速疏散乘客，发生灾害事故时如何快速救援等，是高速铁路隧道应该重点考虑的问题。相对普速客货共线的铁路隧道来讲，高速铁路隧道对防止发生事故和灾害以及快速救援的要求更高。

当隧道较长时，列车在隧道内的运营时间增长，活塞通风效应减弱，列车在隧道内发生事故的概率增大，旅客疏散难度增大。采用 2 条单线隧道方案，可以解决以上问题。

铁三院在《特长隧道防灾救援、安全疏散及通风技术研究》课题中，提出了“以防为主，防消结合，方便自救，快速疏散”的防灾救援原则，率先在铁路特长隧道内引入“紧急救援站”的设计理念。当列车意外发生火灾事故后不能及时驶出隧道时，列车可停靠在一个疏散条件完善的救援站。“紧急救援站”设有防灾通风设施，满足旅客在隧道内需要的新鲜空气，达到保护旅客、降低事故损失的目的。

已经建成通车的石太客运专线太行山隧道和南梁隧道总长度约 39.5 km，在太行山隧道中部 5 号斜井处和隧道进口设置了 2 个紧急救援站，紧急救援站的间距为 15.5 km，南梁隧道的 2 号施工斜井作为紧急出口；在建的武广客运专线浏阳河隧道在隧道最低处设置了避难所；其他在建的武广、郑西等客运专线长度大于 6 km 的隧道一般都设有施工辅助坑道，并作为紧急出口。

三、隧道施工的技术特点

隧道施工技术的形成和发展与隧道施工的技术特点有关。因此，首先要充分了解隧道施工的基本特点。

概括地说，隧道施工的特性有：隐蔽性大；作业的循环性强；作业空间有限；作业的综合性强；施工是动态的，施工过程的力学状态是变化的，围岩的物理力学性质也是变化的；作业环境恶劣；作业的风险性大。

各种施工技术必须考虑这些特点，才能够发挥其作用。隧道工程竣工后，只能看到外观的面貌，而其内部及结构物背后的状态是隐蔽的。严格意义上说，隧道工程就是一个隐蔽工程，要求结构物做到"内实外美"，即要把隐蔽的工程做到实处，不留后患。

一般的隧道工程都是纵长的，施工要严格地按照一定的顺序循环作业。如钻爆法开挖就是按照"钻孔—装药—爆破—通风—出渣"的顺序，一步一步地循环开挖，直到最后隧道贯通。这种循环性是地下施工最具特色的一点，也是组织施工的基本原则。

由于隧道工程通常都是在地下一定深度修筑的，所以结构物的尺寸会受到极大限制，这也就决定了施工空间的尺寸和形状。在有限的空间内进行施工，投入的人力和机械都不能够"畅所欲为"，都要考虑有限空间这个特点。因此像地面工程使用的大型机械，是很难在地下工程中发挥作用的，必须采用适合地下工程有限空间的施工机械和施工方法。

隧道工程施工由多种作业构成，开挖、支护、出渣运输、通风及除尘、防水及排水、供电、供风、供水等作业缺一不可，每一项作业搞得不好都会影响全局。因此，地下施工的综合性很强，这就要求必须有良好的施工管理和施工组织的经验，才能使工程有序地快速进展。

隧道工程力学动态是极为复杂的，其复杂程度直到目前还有许多不清楚的地方，只能在修筑隧道工程的整个过程中，逐渐地去认识和理解它的力学状态的变化，并通过各种手段极力控制和调整结构的力学状态变化。施工过程，从力学角度看，就是控制和调整这个力学状态变化的过程。施工技术也就是控制和调整这个力学状态的手段和方法。理解这一点极为重要。

隧道工程施工的作业环境比较差，黑暗、潮湿、粉尘多，在恶劣的地质条件下，还有安全问题。因此，如何创造一个安全、舒适和工厂化的作业环境，成为地下施工技术要解决的重要课题。

最后，风险性与隐蔽性是相关联的，施工人员必须经常关注隧道施工的风险性，特别在不良地质条件下，更要有风险意识和应变意识。

目前，在隧道工程施工中出现的问题，许多是由于对上述特点认识不充分或没有认识所造成的。因此，提高对隧道工程施工特点的认识是十分必要的。

第二节 隧道施工的现状与问题

在高速铁路建设的新高潮中，不同长度、不同类型的山岭隧道大量涌现。因此，隧道技术的发展面临着新的机遇和挑战。从目前的工程实际出发，在今后很长一段时间内，新奥法仍然是修建山岭隧道的主流方法，是其他方法不可能代替的。因此，改造和完善新奥法及其相关施工技术，仍然是刻不容缓的，必须及时总结经验，适应形势发展要求，不断提高山岭隧道新奥法的施工技术水平。

一、施工方法的选择

在隧道施工中最重要的是选择合理的施工方法。在长期的工程实践中，我国已经积累了相当丰富的经验和理论，逐渐形成了中国特色的隧道施工方法体系。

隧道施工过程和方法是多种多样的，目前经常采用的新奥法主要有全断面法、台阶法和分部开挖法三大类。

在当前的施工实践中，采用最多的方法是台阶法，其次是全断面法。在大断面隧道中，单侧壁导坑（中隔壁法）和双侧壁导坑（眼镜法）采用较多。由于施工机械的开发和辅助工法的采用，施工方法有向更多地采用全断面法、特别是全断面法与短台阶法结合的发展趋势，也就是说，施工方法有向全地质型方法转变的趋势。因此，目前选择施工方法并不完全取决于地质条件，地质条件仅仅是选择施工方法的一个因素，而更需要强调的是施工方法必须符合快速、安全、质量及环境的要求，其中环境因素有时会成为选择施工方法的决定性因素。

因此，选择施工方法时须考虑的基本因素大体上可归纳为以下几个方面。

1. 施工条件

实践证明：施工条件是决定施工方法最基本的因素，它包括一个施工队伍所具备的施工能力、素质以及管理水平。目前，我国隧道施工队伍的素质和施工装备水平有高有低、参差不齐，因此，在选择施工方法时，不能不考虑这个因素的影响。

2. 围岩条件

也就是地质条件，其中包括围岩级别、地下水及不良地质现象等。围岩级别是对围岩工程性质的综合判定，对施工方法的选择起着重要甚至决定性的作用。从施工技术的发展趋势来看，地质条件虽然是重要的，但基本施工方法的变化却不显著，例如全断面法和超短台阶法的结合，以及全地质型掘进机及自由断面掘进机等的开发都说明了这一点。

3. 隧道断面面积

隧道尺寸和形状对施工方法的选择也有一定的影响。目前隧道断面有向大断面方向发展的趋势，在这种情况下，施工方法必须适应其发展。单线和双线的铁路隧道越来越多地采用了全断面法及台阶法；在更大断面的隧道工程中，采用各种方法先修小断面的导坑、再扩大形成全断面的施工方法极为盛行。

4. 埋深

隧道埋深与围岩的初始应力场及多种因素有关，通常将埋深分为浅埋和深埋 2 类，有时将浅埋又分为超浅埋和浅埋 2 类。在同样地质条件下，由于埋深的不同，施工方法也将有很大差异。

5. 工期

作为设计条件之一的施工工期，在一定程度上会影响基本施工方法的选择。因为工期决定了在均衡生产的条件下，对开挖、运输等综合生产能力的基本要求，即对施工均衡速度、机械化水平和管理模式的要求。

6. 环境条件

当隧道施工对周围环境产生爆破震动、地表下沉、噪声、地下水条件的变化等不良影响时，环境条件也应成为选择隧道施工方法的重要因素之一。在城市隧道中，环境条件甚至会成为选择施工方法的决定性因素。

二、隧道施工的基本原则

在长期的工程实践中，不管是哪种方法，都必须坚持隧道施工的基本原则。这些原则是在长期的施工实践中积累起来的经验及教训的总结，而且也是经过理论研究所证实的。

归纳起来，施工中，不管采用哪种方法，都必须遵循的基本技术原则有：

(1)因为围岩是隧道的主要承载单元，所以在施工中充分保护和爱护围岩、避免过度破坏和损伤遗留围岩的强度、使暴露的围岩尽量保留既有的质量，是最重要、最基本的原则，这在任何施工方法中都是一样的。像古老的黄土窑洞、无衬砌的岩石洞室等的修建就完全遵守了这个原则。

(2)为了充分发挥围岩的结构作用，应容许围岩有控制的变形：一方面容许变形达到不在围岩中形成松弛的量级；一方面必须限制它，使围岩不会过度松弛而丧失或大大降低承载能力。在浅埋或地表下沉受到控制的条件下，及时控制变形和松弛及其发展是异常重要的。

(3)变形的控制主要是通过支护阻力(各种支护结构)的效应达到的。因此，在施工中必须合理地决定支护结构的类型、支护结构参与工作的时间、各种支护手段的相互配合、断面封闭时间、一次掘进长度等。

(4)在施工中，必须进行实地测量监控，及时提出可靠的、足够数量的测量信息，以指导施工和设计。有人认为，测量是"新奥法"的重要组成部分；实际上，在新奥法之前，测量监控的技术早已存在，例如测量木支撑的横梁弯曲(挠度)、用锤击法判定支柱的受力状况等。现在看来，这些技术仍然有其实用价值。

(5)在选择支护手段时，一般应选择能大面积牢固地与围岩紧密接触的、能及时施设和应变能力强的支护手段。因此，多采用喷射混凝土，并与锚杆、金属网联合使用，有时也要与钢支撑或格栅等配合使用。临时仰拱也是重要的且不容忽视的支护手段。

(6)要特别注意，隧道施工过程是围岩力学状态不断变化的过程。减少分部，也就有可能减少因分部过多而引起的围岩内的应力变化和围岩的松弛，因此，在有可能的条件下，应尽量采用全断面或大断面分部的开挖方法。

(7)在任何情况下，使隧道断面能在较短时间内闭合是极为重要的。在岩石隧道中，围岩的结构作用能够"自封闭"；而在软弱围岩中，则必须改变"重视上部、忽视底部"的观点，尽量采用能先修筑仰拱(或临时仰拱)或底板的施工方法，使断面及早封闭。

(8)为保证二次衬砌的质量和整体性，在任何情况下，都应采用先墙后拱的施工顺序。

(9)在隧道施工过程中，必须建立"设计—施工检验—地质预测—测量反馈—修正设计"一体化设计施工管理系统，以不断地提高和完善隧道施工技术。

在实际的施工过程中，这些原则也不是一成不变的，应该结合实际情况进行完善和提高。

三、我国隧道施工中存在的主要问题

我国近 3 000 km 的铁路隧道和近 700 km 的公路隧道，基本上都是采用新奥法修筑的，目前出现的主要问题集中在以下几个方面：

(1)施工阶段地质判释的技术不完善，缺乏有效的判释方法和手段；

(2)隧道施工方法，特别是软弱破碎围岩的施工方法的工厂化程度有待提高；

(3)在施工中没有牢固树立"保护围岩、爱护围岩"的观点和理念，不能有效地控制遗留围岩的损伤和松弛；

(4)"重外美、轻内实"，结构存在隐患(如：衬砌背后充填不密实，甚至留有空洞；衬砌厚度不足，有的严重不足；衬砌初期开裂普遍存在；基底处理不彻底，运营不久出现翻浆冒泥现象等）；

(5)地下水处理始终是薄弱环节，防水工程质量欠佳，渗水、漏水现象时有发生；

(6)环境意识薄弱，洞内施工作业环境欠佳，减少对周边环境和结构物影响的措施不力；

(7)施工阶段工程质量的检测体制不完善，更为重要的是缺乏有效的检测手段和方法；

(8)应变能力不强，一旦出现施工灾害便束手无策；

(9)没有真正地实现动态施工和管理。

实质上，这几点也就是衡量隧道施工水平的重要标志，我国与一些发达国家相比，在技术上的差距也就在于此。

第三节　隧道施工的基本理念及安全概论

一、隧道施工的基本理念

针对目前存在的问题，隧道施工的要点归纳起来就是4句话："爱护围岩"、"内实外美"、"重视环境"和"动态施工"，这也是隧道施工的四大理念。

所谓"爱护围岩"有2层含义：一层含义是不损伤或少损伤遗留围岩的固有支护能力，这可以通过采用机械开挖技术和控制爆破技术予以解决；另一层含义是通过各种手段和方法，如采用支护技术、加固或预加固技术以及各种辅助施工技术等增强围岩的自支护能力。这些技术形成了隧道施工的核心技术。

"内实外美"的关键是内实，而内实的关键就是要做到"四密实"，即混凝土密实、喷射混凝土密实、喷混凝土与围岩密实（贴）、二次衬砌与初期支护密实（贴），这涉及混凝土、喷射混凝土、回填、支护接触等技术。

"重视环境"也有2层含义：一层含义是指内部环境，即施工作业环境；另一层含义是对外部环境，即对周边环境的影响。重视环境是时代的要求，许多环境技术都是因时代的变迁而得到发展的，许多基准都是因环境的要求而制订的。

根据暴露出来的围岩状态采取对策，是隧道施工的基本原则。这里所谓"动态施工"是指，隧道施工过程中的地质条件是不断变化的，其力学状态也是不断变化的，因此施工过程就不可能是一成不变的。我们在施工过程中采用的各种施工方法和技术都是为了适应这种"动态"变化。因此，隧道施工的各种决策都要在施工阶段的地质技术、施工阶段的测量技术和施工阶段的质量控制技术的基础上进行管理，这也是"动态施工"的基本含义。

归根结底，就是必须不断提高隧道施工的工厂化技术和施工管理的水平。

二、隧道施工安全概述

（一）施工安全管理

据统计分析，隧道施工中主要易发生坍塌、瓦斯爆炸、岩爆、突水突泥、触电、民用爆炸物品爆炸、物体打击、机械伤害、高处坠落、火灾和中毒等安全生产事故，而瓦斯爆炸、坍塌、突水突泥、岩爆和大变形等事故和危险因素对隧道施工的威胁极大，可能造成经济损失大和人员伤亡数量多，因此编制应急救援预案尽量减少事故发生后的损失非常必要。

【案例】宜万铁路马鹿箐隧道出口段突水、突泥

2006 年 1 月 21 日，宜万铁路马鹿箐隧道出口段平导开挖至 PDK255＋978 时发生突水、突泥。突水总量约 18 万 m^3，在抢险抽水时又多次发生突水。

马鹿箐隧道全长 7 879 m，最大埋深约 660 m，隧道自进口至出口，隧道自进口至出口为连续15.3‰上坡。在线路左侧 30 m 预留二线位置设置贯通平导，平导全长 7 853 m。

隧道穿越地层中灰岩地层占隧道总长的 94%，隧道区域漏斗、落水洞、暗河十分普遍，岩溶强烈发育，管道岩溶水系极为复杂。这次事故除多人逃生外，造成 10 人死亡，1 人失踪。

图 1-2 为宜万铁路马鹿箐隧道出口段突水突泥现场。

图 1-2　宜万铁路马鹿箐隧道出口段突水突泥现场

【案例】宜万铁路野三关隧道Ⅰ线斜井向进口方向突水突泥

(1)事故经过

2007 年 8 月 5 日凌晨 1:00 时左右，宜万铁路野三关隧道Ⅰ线斜井向进口方向 DK124＋602 掌子面右侧下部发生突水、突泥，1.5 h 内总突水量约 15 万 m^3，突泥量 5.4 万 m^3。斜井工区Ⅰ线距掌子面约 220 m 填满淤泥和石块，其他地段淤泥厚 1～4 m 不等。

野三关隧道Ⅰ线全长 13 846 m，隧道最大埋深 695 m，设计为人字坡。Ⅰ线左侧 30 m 设置Ⅱ线。隧道穿越石马坝背斜及二溪河向斜，发育有 5 条暗河及管道流。突水后，5 个掌子面人员受困，共计 52 人被困。43 人获救，其中 1 人医治无效死亡。9 人中有 2 人在隧道内死亡，7 人失踪。

(2)事故原因

当地连续降雨，事故发生地段地表雨水与地下岩腔及断层水系相通，并存有大容量承压水体，地质构造复杂。在设计和施工过程中，虽然也做了多方面的地质勘测工作，但由于认知水平的局限，工作措施不到位，未能发现不明承压水体；加之对岩层变化及实测出主要发育岩溶裂隙水超压先兆分析判断不够，未能采取有效措施。因此，当隧道岩体揭露后，造成岩溶水压的承载失衡，导致突水突泥重大事故的发生。

【案例】丹金山 1 号隧道冒顶事故

(1)事故经过

2009 年 5 月 28 日晚 21:20，全长 630 m 的丹金山 1# 隧道掘进 210 m 至 DK260＋610 里

程处，挖掘机正在清理掌子面，部分人员进行下导坑开挖。洞内共有作业人员 7 人(其中下导坑开挖班 4 人，队长兼安全员林传龙、工班长吴章燕、挖掘机司机朱长城)。林传龙在值班中发现掌子面顶部连续掉块，渗水量有所加大，立即指挥作业人员停止施工，迅速撤出洞外，并要求洞外安全员魏厚杰立即通知洞外人员向高处撤离。不久，洞内出现轰隆隆的声音，随之涌出大量矿灰形成的泥石流并沿山谷而下，将位于洞门 300 m 外的施工队生活区 2 排板房冲塌。由于撤出及时，现场施工人员没有发生死亡情况，仅 1 名施工人员被泥石流卷带的钢筋等轻微扎伤，但住在生活区板房内一名当地群众在躲避泥石流时不慎滑入路边排洪沟中，被泥石流卷走，后送往医院抢救无效死亡。

(2)事故原因

丹金山 1 号隧道由铁四院设计，中铁某局施工。发生冒顶事故的 DK260＋550～DK260＋630 段约 80 m 范围是覆盖层只有 5～6 m 的浅埋段，围岩为软弱的黄褐色粉质黏土，强度判定为 5 级 B，设计在此采取了双排小导管超前支护、钢拱架支撑的方案，施工采取台阶法掘进。但关键是该段洞顶有泰宁金山矿业有限公司尾矿库，该尾矿库占地约 250 m×60 m，容量约 29 万 m^3，事发当时存灰厚约 5 m，存灰量约 22 万 m^3 左右。初步分析：因当地前几天的连续暴雨，该尾矿库存灰含水量加大，重量加重，当隧道掘进至 DK260＋610 里程处，尾矿库积水透过洞顶上覆土层渗出，破坏了隧道覆盖土层和支护加固层，压垮隧道洞顶造成冒顶事故，随之大量尾矿库存灰沿隧道泻出形成泥石流造成危害。

安全费用主要用于完善、改造和维护安全防护设备、设施支出，配备必要的应急救援器材、设备和现场作业人员安全防护物品支出，安全生产检查与评价支出，重大危险源、重大事故隐患的评估、整改、监控支出，安全技能培训及进行应急救援演练支出和其他与安全生产直接相关的支出。

隧道施工场地狭窄，加强通风、防尘、照明、防有害气体、防缺氧、防辐射等措施，对作业人员的作业条件改善和人身安全极为重要。根据隧道施工情况，应定期对作业人员进行健康检查，并归入档案进行管理。

作业班组负责人在每班开工前，应进行班前安全讲话，向作业人员强调安全注意事项。进入施工现场的所有人员，必须按规定佩戴相应的劳动防护用品。

隧道洞口应设专人值班，建立隧道进出人员动态管理制度。

隧道施工应建立有线通信联络系统，长、特长及高风险隧道施工还应建立可视监控系统，并定期维护，保证洞内外信息及时传达。

隧道施工中，应在一侧设置宽度不小于 0.7 m 的安全通道，用警示牌、安全标识等明示其位置，并设置必要的应急照明，安全通道上严禁放置任何障碍物。

隧道内施工应制定防火责任制，并配备消防器材。高压水池应根据所需水压选择适宜高度，水池应牢固可靠、无渗漏，且不应设在洞顶正上方。

弃渣场不应设置在堵塞河流、污染环境、毁坏农田的地段，严禁将弃渣场设在对周围环境造成影响的地方。

【案例】京石客运专线石太直通线某隧道出口，弃渣占用河道，渣坡未设下挡，未做到先挡后弃，留下安全隐患，如图 1-3 所示。

图 1-3 弃渣未做到先挡后弃且占用河道

隧道施工应对设计文件中涉及施工安全的内容进行核对，并将结果及存在的问题报送建设、勘察设计、监理等相关单位，建设单位应督促勘察设计单位对存在的问题及时提出完善措施。重点核对下列内容：

(1)穿过不良地质和特殊岩土地段的设计方案；

(2)地下管线和相邻建(构)筑物；

(3)施工对环境可能造成影响的预防措施；

(4)隧道与辅助坑道的洞口位置及边、仰坡的稳定程度；

(5)弃渣场位置、安全防护措施和环境保护要求。

(二)隧道施工机械安全概述

隧道施工机械应根据隧道长度、断面大小、地质条件、施工方法等因素合理配置，并做到安全可靠、节能环保。

施工机械作业场所应有必要的照明，光照度不得小于 50 lx。混凝土拌和设备、运输设备、混凝土喷射机、混凝土输送泵、通风机、抽水机等施工机械设备应有备用设备。备用机械设备应始终处于良好状态。

严禁汽油机械进洞。洞内使用柴油机械应安装废气净化装置或掺入柴油净化添加剂。

(三)风险管理

隧道施工应将风险评估与管理贯穿于隧道设计和施工全过程。建设、勘察设计、施工和监理单位应根据工程地质、施工环境和条件对隧道工程实施动态、有效的风险控制和跟踪处理。

建设单位应制订风险评估和风险管理工作实施办法；督导勘察设计单位和施工单位分别在设计阶段和施工阶段开展风险评估工作；对高度和极高的风险等级进行审查，必要时委托相关专业机构进行风险监测；检查、监督、协调和处理评估工作中的有关问题。

勘察设计单位应在设计阶段开展风险评估工作，将评估结果纳入设计文件，向施工单位进行有关风险的技术交底和资料交接，参与施工期间的风险评估，并根据风险监测结果提出风险处理意见。

施工单位应对施工阶段的风险进行评估，根据评估结果提出相应的处理措施并报建设单位批准后实施。在施工期间对风险实时监测，定期反馈，根据风险监测结果，调整风险处理措施。

监理单位应参与制订和监督施工阶段风险评估与管理工作，并检查风险处理措施的落实情况。

在隧道施工中，应通过风险计划、风险识别、风险评估、风险处理和风险监测等程序积极进行风险管理。其基本流程示意图如图 1-4 所示。

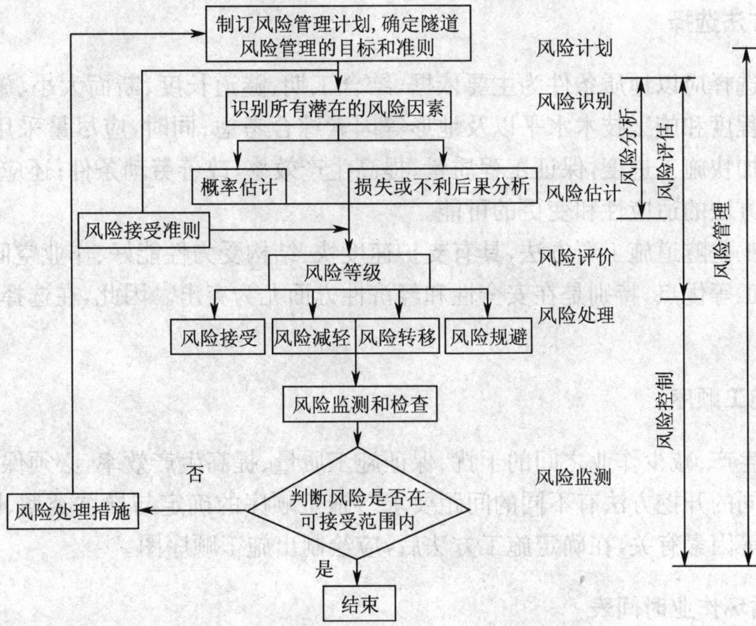

图 1-4　隧道风险评估与管理基本流程图

施工中，施工单位应在设计阶段风险评估的基础上，结合环境和地质条件、施工工艺、设备、施工水平、经验和工程特点等，对新出现的风险进行识别，提出风险处理措施供建设单位决策，对已识别的风险进行监测。

施工单位应在施工现场公示识别的风险，其内容包括风险描述、监测方案、应急措施和责任等。

施工过程中风险的监测包括施工监测、工况和环境巡视、工作面状态描述、风险处置过程和发展趋势等内容；施工单位在施工过程中应将地质超前预报、监控测量纳入施工的重要工序，按照设计要求编制施工监测的实施方案，对工程自身结构及环境风险进行全面监测；提前识别和预测地质风险因素，保证施工安全。

施工中，参建单位应建立风险的预警、响应及信息报送机制。施工单位应根据实时监测数据、工况、环境巡视和工作面异常状态等确定预警级别，形成异常状况报告；对可能发生重大突发风险事件的预警状态，施工单位应立即启动相关预案，组织处理，并报建设、勘察设计和监理单位。

第四节　隧道工程施工组织安全设计要点

隧道施工组织技术，除了一般要求外，还应妥善解决以下几个问题。

一、施工条件调查

隧道施工技术复杂。隧道一般多在山区，地形、交通条件较差，而工作人员的生活设施、主要机器设备、材料堆放都在洞外，出渣、材料也需要一定场地，因此，隧道所在位置的地形、交通条件应很好调查研究，合理安排。另外，隧道的地下情况直接影响施工方法、施工进度和人身安全，所以对隧道经过的岩层情况、地下水、地下气体情况也应周密调查，妥善处理。

二、施工方法选择

施工方法选择应以地质条件为主要依据，结合工期、隧道长度、断面大小、施工速度、施工单位的机械化程度和施工技术水平以及地形等因素综合考虑；同时，应尽量采用新技术、新工艺、新设备，以加快施工进度，保证工程质量，提高生产效率，改善劳动条件；还应考虑到围岩发生变化时施工方法的适应性和变更的可能。

新奥法施工是隧道施工新方法，具有支护速度快、结构受力性能好、作业空间较大、能适应隧道机械化施工等优点，特别是在安全性和经济性方面尤为突出。因此，在选择施工方法时应优先考虑。

三、安排施工顺序

为了安全生产、减少作业之间的干扰、保证施工质量、提高生产效率，必须保持各作业间的最小间距。不同的开挖方法有不同的间距要求。施工顺序的确定与导坑类型、断面尺寸及各作业间隔长度等因素有关，在确定施工方法后，应绘制出施工顺序图。

四、编制循环作业时间表

施工顺序图做好后，应确定每个顺序一次循环的进度。每个施工顺序应采用先进的施工技术和最佳的劳动组合，然后按施工定额和一次循环的进度计算出循环的时间。每次循环的工作必须具体明确，以便指导工作。在这里必须指出，在编制循环作业时间表时，应尽量使每一施工顺序做到：

(1)各班进度一致以求均衡生产，可用工班组成人数来调整；

(2)放炮时间在同一时刻，并使这些时间和休息时间相结合，以减少工时损失。

五、编制施工组织进度图

施工进度的确定应考虑如下主要因素。

1. 计算出隧道开挖作业进度

影响隧道开挖进度的因素很多，如围岩硬度、炮眼个数、布置、深度等都直接关系到开挖进度，而这些因素又是千变万化的，可根据施工定额或施工统计资料和有关参数进行开挖进度计算。隧道开挖工期是以钻眼、装药、爆破、通风、安全处理、出渣、支护等一次循环作业时间为基础，选定有关参数进行计算确定；也可运用网络计划技术，分工序绘制循环作业网络图分析计算。

2. 边墙及供圈衬砌作业进度

衬砌作业的进度受到相应开挖作业进度的控制，通常是以开挖进度来安排衬砌进度。为避免影响洞内运输，往往放在各开挖、衬砌项目完成后进行。衬砌作业施工进度也可根据施工定额或有关指标计算。

此外，洞门工程可根据地质情况及工程数量来确定工期，地质不良的洞门应尽早尽快完成，以保证安全。若为混凝土衬砌，水沟及压浆工作可在边墙及拱圈完工后 7～14 d 完成；若为砌石圬工时，可在边墙及拱圈完工后 3～4 d 完成。

3. 绘制施工平面布置图

由于隧道工程施工场地狭小，洞外施工场地布置得合理与否，关系到隧道施工能否迅速、正常与安全地进行，也关系到隧道的文明施工。因此，应根据洞口地形、地质、水文条件，考虑有利于生产，也方便职工生活，合理布置弃渣场、堆料场、各种机械房、油库、炸药雷管库、办公室、宿舍、食堂、洞口排水系统、运输道路、三管两线等设施。

第五节　新奥法施工安全技术要点及安全技术措施

新奥法改善了围岩抗剪支护承载能力，大大减少了施工的不安全因素，在经济和安全性方面都优于传统的施工方法，因此我国大多数隧道均采用新奥法施工。下面就简要介绍一下新奥法施工安全技术要点及安全技术措施。

一、新奥法施工安全技术要点

新奥法是应用岩体力学的理论，以维护和利用围岩的自承能力为基点，采用锚杆和喷射混凝土为主要支护手段，及时地进行支护，控制围岩的变形和松弛，使围岩成为支护体系的组成部分，并通过对围岩和支护的测量、监控来指导隧道和地下工程设计、施工的方法和原则。要点可以归纳为“少扰动、早喷锚、勤测量、紧封闭”，具体包括以下内容：

(1)开挖作业多采用光面爆破和预裂爆破，并尽量采用大断面或较大的断面开挖，以减少对围岩的扰动；

(2)隧道开挖后，应尽量利用围岩的自承能力，充分发挥围岩自身的支护作用；

(3)根据围岩特征采用不同支护类型和参数及时施作密贴于围岩的柔性喷射混凝土和锚杆的初期支护，以控制围岩的变形或松弛；

(4)在软弱破碎围岩地段，使断面及时闭合，以有效发挥支护体系的作用，保证隧道的稳定；

(5)二次衬砌原则上是在围岩与初期支护变形基本稳定的条件下修筑的，围岩的支护结构形成整体，因而提高了支护体系的安全度，并不增加衬砌的厚度；

(6)尽量使隧道周边轮廓圆顺，避免棱角突变处应力集中；

(7)通过施工中对围岩和支护的观察、测量，合理安排施工程序，进行设计变更及安排正常的施工安全管理。

二、新奥法施工安全技术措施

1. 科学组织、程序施工

由于隧道施工条件相对较差，操作人员经常在震动、噪声、地下水、有害气体等的不良环境中从事繁重的体力劳动；而且新奥法施工操作要求高，要做到科学管理文明施工，创造安全、卫生的劳动条件，并严格按照规定的工序、工艺方法施工，确保施工安全。

【案例】2006 年 12 月 10 日 23 时，由中铁某局集团公司在洛湛铁路大桂山隧道进口掘进过程中，为加快施工进度，在前一循环初期支护钢架焊接作业未完成之前，违章准备下一循环掌子面开挖所用的爆破物品，将一车爆破物品运至正在进行钢架焊接作业的掌子面，焊接作业的焊渣飞溅到炸药车内，引发炸药爆炸，造成当场炸死 3 人、炸伤 3 人(其中 2 人经医院抢救无效死亡)、失踪1人的事故。

2. 重视目测观察

目测观察既省事又起到重要的安全作用，应该得到足够的重视，并根据已有的经验对观察信息进行判断，及时采取措施，确保施工安全。目测观察的主要内容是：岩质和分布，节理裂隙发育程度和方向，接触面填充物的性质、状态，涌水量和涌水压力，隧道顶部、侧部的稳定状态等；开挖后已支护地段的锚杆是否被拉断，喷射的混凝土层是否产生裂隙、剥落和剪切破坏，钢架有无被压曲现象，隧道是否有底鼓现象等。还应特别注意围岩危险性较大的破坏状态和可能引起塌方事故的破坏状态。当围岩变形无明显减缓或混凝土层产生较大剪切破坏时，应停止开挖作业，及时采取辅助措施进行加固。

【案例】2007年9月30日16时10分，中铁某局集团公司施工的兰(州)青(海)铁路二线八盘峡二号隧道上方山体垮塌，造成隧道塌方冒顶，掌子面8名施工作业人员被困的险性事故(后经全力抢险8名被困人员全部安全获救)。

3. 重视洞口段施工

由于选线等条件的制约，隧道的洞口有时不可避免地设在地形地质条件不利地段，为了保证洞口段的施工安全，应根据详细掌握的洞口附近地形、工程地质、水文地质、环境条件，预测可能出现的危险，事先制订出对策。如出现崩塌、地表下沉偏压、地基承载力不足、开挖工作面塌方等情况，可以采取压浆、打管棚或锚杆措施。

采用新奥法施工隧道洞口段时，除地质条件好可以直接开挖外，一般是在加设锚杆、钢筋网、护坡和喷射混凝土之后再开挖，当有坍塌可能时，可以先安设长锚杆或钢管等，在其支护下开挖。

【案例】翼墙开挖事故

(1)事故经过

1987年3月2日，在衡广复线大樟山2号隧道出口，翼墙开挖基础，早6时爆破后，没有认真检查基坑情况就继续施工，当工地看守员发现边坡出现裂口呼喊人员撤离时已来不及，边坡坍下，造成2人死亡、2人重伤和多人伤亡的事故。

(2)事故原因

①该段地质节理发达，风化严重，又是顺滑层，但没有引起施工负责人重视，没有制订切实可行的安全措施；

②放炮后没有认真检查边坡是否安全；

③工地照明设施不能满足施工要求，夜间放炮没有照明。

4. 重视锚杆施工

为了防止由于锚杆选择不当，或因地下水的影响使锚固用的砂浆流失，将得不到足够的锚固力，从而导致锚杆脱落造成事故，应指定专人定期检查锚杆的抗拔力，同时注浆人员要加强个人防护，戴皮手套、口罩、眼镜、防护罩等。注浆作业开始前和结束后，应认真检查、清洗机械管路和接头，检查后应经过试运转方可开始正式作业，以防止剧烈震动、管路堵塞现象。当发生注浆管路或接头堵塞时，须在消除压力后再拆卸和维修。

5. 喷射混凝土施工

在喷射混凝土作业前要仔细检查围岩受喷面，彻底清理危石，同时应由专人仔细检查管路、接头等，防止喷射时因软管破裂、接头断开引起事故。进行喷射作业时，必须佩戴防护用具，应根据喷射方式、混凝土配合比等条件，采取合适的防尘措施，对从事喷射作业的人员要定期进行身体检查。当拌和机设在洞内时，应对拌和机和皮带运输机的回转部分进行覆盖，防止发生卷夹事故。必要时要在拌和机附近设集尘机。当采用人工喷射时，应配备辅助喷射支架，防止在管路堵塞时因喷嘴剧烈震动而引起危害。当转移喷射地点时，应先关闭喷射机，喷嘴前方不得站人。在处理管路堵塞时，喷嘴应有专人看护，以防止堵塞消除后喷头摆动伤人。喷射作业要由负责人按规定的信号、方法进行指挥，防止因喷射手和机械操作人员联络不佳而发生事故。

6. 钢架施工

在搬运过程中钢架应绑扎牢固；钢架的架设应由专人按照规定的信号进行指挥，随时观察围岩动态或喷射混凝土的情况，防止落石、坍塌引起事故；作业人员在紧固螺栓时，要站在平稳牢固的脚手架上，并佩戴安全带；对架设的钢架要经常进行检查，当发生扭曲、压曲等现象或征兆时必须及时将其他人员撤离。

7. 二次衬砌施工

要根据通过模板台车内部车辆的限界，适当加宽安全富余量。大型车辆应在调车人员指挥下通过模板台车，台车内部人员应回避，不得站在台车内部，作业人员应站在稳定的脚手架上并佩戴好安全带。模板台车上应加有足够的照明设施。

第二章　洞口工程施工安全

洞口各项工程是指进洞之前须完成的洞口土石方及与其相连的洞门和挡护墙、洞口排水系统等；相邻工程是指洞口附近与隧道施工互有影响的工程，如洞口附近的桥涵及路基支挡建筑物等。故应通盘考虑、妥善安排、及早完成，以减少干扰、保证安全。

第一节　洞口施工安全

一、洞口工程特点及安全概述

隧道洞口工程主要包括边、仰坡土石方；边、仰坡防护；端墙、翼墙等洞门圬工；洞口排水系统；洞口检查设备安装；洞口段洞身衬砌。隧道洞口地段，一般地质条件差，且地表水汇集，施工难度较大。

洞口工程中的洞门，一般可在进洞后施作，并应做好边、仰坡防护，以减少洞门施工对洞身施工的干扰。施工时要结合洞外场地和相邻工程的情况，全面考虑、妥善安排、及早施工，为隧道洞身施工创造条件。

【案例】隧道洞口边仰坡塌方

2006 年 3 月 21 日 18 时 20 分，武汉安康铁路增建二线襄胡段王家沟隧道明洞洞口上部边坡突然坍塌，8 名施工人员被困洞内。后经紧张抢险，至 22 日凌晨 4 时 50 分，被困人员全部获救。

2006 年 5 月 21 日上午 10 时 40 分，洛湛线 DK58＋620 处发生山体滑塌，正在双牌 2 号隧道开工准备的 4 名作业人员被砸伤，其中 1 人死亡，其余 3 人受伤。

2006 年 9 月 13 日 11 时 50 分，武康铁路增建二线工程系家山 1 号隧道突然发生坍陷，造成正在隧道上方地表进行现场勘察的 2 名设计人员、1 名工程技术人员随坍体埋入土中，经抢救无效死亡。

2007 年 8 月 6 日，广深港客运专线水田隧道进口正在进行导向墙施工准备时，右侧导向墙顶部仰坡忽然滑塌约 2～3 m^3 土体，2 人被埋，经抢救无效死亡。

由于每座隧道的地形、地质及线路位置不同，要很明确规定洞口段的范围是比较困难的。在一般情况下，可以将由于隧道开挖可能给上坡地表造成不良影响的洞口范围称为洞口加强段。每座隧道应根据各自的围岩条件来确定洞口段范围。

洞口工程施工作业应考虑下列主要危险源、危害因素：

(1)对边、仰坡坍塌、地表下沉、地基承载力不足、工作面崩塌、偏压、滑坡等情况未及时处理或加强防护；

(2)洞口各项工程与洞口相邻工程、临时工程的统筹安排不当；

(3)土石方开挖违反作业顺序要求；

(4)施工机具失稳及安全能力缺失、下降；

(5)高处作业台(支)架失稳、安全防护失效；

(6)爆破方式方法不当、防护措施不足、违规处理火工产品。

【案例】隧道塌方事故

(1)事故经过

茅田冲2号隧道位于溆水右侧，属湘黔复线右线，铁路里程为DK353+176～DK353+305，全长129 m，属软弱围岩地段的浅埋隧道。施工中发现隧道进口洞顶仰坡干砌护坡出现滑塌现象，洞门端墙及洞内衬砌产生裂缝，经有关方面专业人员现场勘察，认为隧道洞门有失稳可能，将严重威胁铁路行车安全。

通过现场勘察，认为该隧道地质情况复杂，洞顶山坡较陡，表土较薄。上层岩土为褐黄色砂黏土夹碎石及风化灰黄色板岩，节理发育，岩体大部分为强风化；下层为较完整的硬板岩，上下层风化程度差异较大，倾角约为40°，岩体分界面以上约1 m范围内有数条粉红色砂黏土层，宽为2～3 cm。岩层顺坡顺向，有裂隙水。

(2)事故原因

通过对隧道进口处现场勘察，沿进口洞顶排水天沟内侧地表开裂，裂缝宽约4 cm；洞顶上方仰坡干砌护坡出现多处裂缝，护坡前缘向前挤压，端墙后的排水沟隆起；洞门端墙有贯通缝；洞门端墙左侧有错牙；洞门左、右两侧衬砌沿起拱线均有向内延伸的纵向裂纹，洞门内3～4 m处的拱圈顶部也有环形裂纹；整个拱圈向外错牙大约1 cm；洞门右侧翼墙、护坡有裂缝。

根据对现场地形地貌的勘察，并仔细分析各处裂纹裂缝的形状、大小、走向、性质等，初步判定为山体滑坡灾害所导致的隧道洞门失稳破坏，事故形成原因主要有：

①隧道的进口洞顶表土薄，上层岩土节理发育，岩层破碎松散，力学性质较差。

②隧道进口端在施工过程中曾多次出现塌方，致使隧道进口洞门顶填方达955 m^3，在施工中填方未夯实，留下隐患。随着时间的推移，下沉量逐渐增大，出现裂缝，地表水沿裂缝渗入土体，使其抗剪强度降低，形成潜在破裂面。大雨过后，雨水渗入土体范围内，使土体抗剪强度急剧下降，进一步恶化了滑动面的力学性质，导致护坡同填方一起向下滑塌，加之山坡较陡，引起上部土体下滑。

③隧道施工是采用上下导坑先拱后墙法，此方法缺点是衬砌整体性差，特别是在边墙顶部与拱脚连接处结合不好。

(3)处理方法

根据滑坡成因、场地施工条件、施工队技术力量、一次性彻底根治和节约费用的原则，决定采用以抗滑桩防滑为主、其他工程措施为辅的综合整治方案。

隧道洞口施工前应该对施工图与现场实际地质、毗邻建(构)筑物情况进行比较，当设计与实际情况不符时，施工单位必须及时上报，并按变更设计处理。

洞口各项工程应与洞口相邻工程、临时工程统筹安排，及早完成。施工时还应采取下列措施：

(1)洞口的截、排水系统应与路基排水系统顺接，不得冲刷路基坡面、桥台锥体和农田房舍；

(2)施工道路的引入和施工场地的平整应减少对原地貌的破坏和对洞口岩体稳定的影响。

过去很多隧道为了争取早日进洞，洞口工程施工采用大爆破而发生边、仰坡剥落、坠石、坍塌甚至滑坡，对隧道施工安全及建成后的行车安全造成较大威胁。因此，洞口工程爆破应符合下列规定：

(1)洞口石质边、仰坡的开挖应采用预留光爆层法或预裂爆破法，严禁采用深眼大爆破活集中药包爆破开挖；

(2)洞口邻近建(构)筑物时，开挖爆破应采用控制爆破技术，并监测震动速度，其值应符合现行国家标准《爆破安全规程》(GB 7622)的有关规程。

洞口施工过程应按规程进行监控测量工作。

洞口工程施工时应采取相应措施，加强对周围建(构)筑物、既有线、洞口附近交通道路的防护。紧临道路施工时可设挡墙、防护网、挡板防护等相应防护措施；爆破作业时应对重要结构物进行覆盖，特别是紧临既有线进行爆破作业时须满足既有线行车要求并严格按运营单位批准的天窗作业时间进行作业，同时还应搭设防护栏并安设双层防护网，严防飞石击打既有线沿线设施。

隧道施工周期较长，人员、机械进出洞频繁，为确保人员、机械进出洞安全及避免与洞内施工干扰，影响工期，因此，隧道进洞前必须完成洞口工程。

二、进洞安全技术

洞口段施工中最关键的工序就是进洞开挖。隧道进洞前应对边、仰坡进行妥善防护或加固，做好排水工作。洞口段施工方法的确定取决于诸多因素，如施工机具设备情况、工程地质、水文地质和地形条件，洞外相邻建筑的影响，隧道自身构造特点等。根据地层情况，施工方法可分为以下几种。

(1)洞口段围岩为Ⅲ级以上、地层条件良好时，一般可采用全断面直接开挖进洞，初始10～20 m区段的开挖，爆破进尺应控制在2～3 m。拱部支护可施作局部锚杆；墙、拱采用喷射混凝土支护。洞口3～5 m区段可以挂网喷射混凝土及设钢拱架予以加强。

【案例】六沾铁路某隧道出口，采用CD法施工临时支撑钢架设计为曲型，实做为直型，垂直度超标；中隔壁支撑钢架背部未按设计要求挂设钢筋网片、喷射混凝土；间距设计为0.6 m，实测多处为0.8～1.1 m，如图2-1所示。

图2-1　钢拱架曲型变直型

(2)洞口段围岩为Ⅲ～Ⅳ级、地层条件较好时，宜采用正台阶法进洞(不短于20 m区段)。爆破进尺控制在1.5～2.5 m。施工支护采用拱、墙系统锚杆和钢筋网喷射混凝土。必要时设钢拱架加强支护。

(3)洞口段围岩为Ⅳ～Ⅵ级、地层条件较差时，宜采用上半断面长台阶法进洞施工。上半断面先掘进50 m左右后，拉中槽落底，在保证岩体稳定的条件下，再进行边墙扩大及底部开挖。上部开挖进尺一般控制在1.5 m以下，并严格控制爆破药量。施工支护采用超前锚杆与系统锚杆相结合，挂网喷射混凝土。拱部安设间距宜为 0.5～1.0 m（斜井可以适当增大）的钢拱架支护，及早施作混凝土衬砌，确保稳定和安全。

【案例 1】 某公司施工的贵广铁路大仓山隧道进口 DK330＋814～DK330＋822.3 段型钢拱架设计间距 1 m，实测平均间距 1.65 m。

【案例 2】 某公司施工的兰渝铁路纸坊隧道出口初期支护型钢钢架设计间距 1.0 m，现场测量中台阶部位平均间距为 1.40 m。

【案例 3】 某公司施工的准朔铁路卧龙山隧道 2 号斜井 DK122＋850（Ⅳ级围岩）处钢拱架间距超标，设计间距为 1.2 m，实测均为 1.5 m。

【案例 4】 某公司施工的渝利铁路余家隧道进口二衬端部至掌子面段落为Ⅳ级围岩，设计初期支护格栅钢架间距 1.0 m，现场测量平均间距约 1.5 m。

上述这些案例说明，目前我国铁路隧道施工中，钢拱架存在极大的安全隐患。

(4)洞口段围岩为Ⅴ级以下、地层条件差时，可采用分部开挖法和其他特殊方法进洞施工。具体方法有：

①预留核心土环形开挖法；

②插板法或管棚法；

③侧壁导坑法；

④下导坑先掘进再上挑扩大，由里向外施工法；

⑤预切槽法等。

开挖进尺控制在 1 m 以下，宜采用人工开挖，必要时才采用弱爆破。开挖前应对围岩进行预加固处理，如采用超前预注浆锚杆或管棚注浆法加固岩层，用钢架紧贴洞口开挖面进行支护，再进行开挖作业。在洞身开挖中，支撑应紧跟开挖工作面，随挖随支。施工支护采用网喷射混凝土，系统锚杆支护；架立钢拱架间距为 0.5 m，必要时可开挖底面施作临时仰拱。开挖完毕后及早施作混凝土内层衬砌。

【案例】 大丽铁路某隧道进口为Ⅴ级围岩，施工方案开挖进尺为 1.2 m，实际进尺为 3.2 m（超前小导管 3.5 m），未及时支护，如图 2-2 所示。

图 2-2　某隧道进口Ⅴ级围岩进尺偏大

当衬砌采用先拱后墙法施工时，下部断面开挖应符合下列要求：

①拱圈混凝土达到设计强度 70%之后方可进行下部断面的开挖；

②可采用扩大拱脚，打设拱脚锚杆，加强纵向连接等措施加固护脚；

③下部边墙部位开挖后，应及早、及时做好支护，确保上部混凝土拱的稳定。

施工前，在施工工艺设计中，应对施工的各工序进行必要的力学分析。施工过程中应建立健全测量体系，收集测量数据及时分析，用以指导施工。

三、洞口工程开挖及防护安全

为保证边、仰坡稳定，防止塌方，避免堵塞通道，洞口边、仰坡开挖应按如下方法进行：

(1)洞口施工宜避开雨季和融雪期。在进行洞口土石方工程时，不得采用深眼大爆破或集中药包爆破，以免影响边、仰坡稳定。应按设计要求进行边、仰坡放线，自上而下逐段开挖，不得掏底开挖或上下重叠开挖。

(2)洞口开挖及支护前，应先清理洞口上方及侧方可能滑坍的表土、灌木及山坡危石等，疏通流水沟渠，排除积水。平整洞顶地表，排除积水，整理隧道周围流水沟渠。然后施作洞口边、仰坡顶处的天沟。

【案例】蒙河铁路某隧道出口右侧，山体岩石风化严重、较为破碎，没有对危岩落石采取防护措施，严重危及施工作业安全，如图 2-3 所示。

(3)洞口边、仰坡上方的天沟应及时施作。对土质天沟应随挖随砌，不使水冲刷坡面。

【案例】襄渝二线某隧道洞口，因天沟未及时施作，导致洞口翼墙左侧膨胀土溜坍，如图 2-4所示。

图 2-3　隧道出口山体破碎但未采取防护措施

图 2-4　襄渝二线某隧道洞口翼墙左侧膨胀土溜坍

(4)洞口土石方开挖必须按设计要求进行边、仰坡放线，自上而下分层开挖，分层支护。严禁掏底开挖或上下重叠开挖。

(5)洞口部分圬工基础必须置于稳固的地基上。须将虚渣杂物、泥化软层和积水清除干净。当地基强度不够时，可结合具体条件采取扩大基础、桩基、压浆加固地基等措施。

(6)洞门拱墙应与洞内相邻的拱墙衬砌同时施工，连接成整体，以确保拱墙连接良好。洞门端墙的砌筑与回填应两侧同时进行，防止对衬砌产生偏压。

(7)洞口段洞身施工时，应根据地质条件、地表沉陷控制以及保障施工安全等因素选择开挖方法和支护方式。洞口段洞身衬砌应根据工程地质、水文地质及地形条件，至少设置不小于5 m长的模筑混凝土加强段，以提高圬工的整体性。

图 2-5　某隧道洞门安全隐患

(8)洞门完成后，洞门以上的仰坡脚受破坏处应及时处理。如仰坡地层松软破碎时，宜用浆砌片石或铺种草皮防护。

【案例】包西铁路某隧道出口，存在洞门顶部坡面围岩破碎但未采取棚架安全保护措施的情况，存在极大的安全隐患(图 2-5)。

洞口端墙处土方开挖应结合地层稳定程

度、施工季节和隧道施工方法进行。如洞口位于稳定性差的地层，洞门施工在雨季，施工方法采用先拱后墙法时，则开挖洞门端墙处的土石方，可先挖至起拱线，并做好必要的支护工程，再挖下部。

洞口开挖的土石方应避免因弃渣堵塞造成排水不畅、过大土压力引起山坡坍塌和对桥梁墩台的偏压，以及对其他建筑物的危害，并不应影响交通运输安全。

处于陡峭、高边破的洞口应增设安全棚、安全栅栏或安全网，危险段应采取加固措施。

挖掘机、风动钻机等常用施工机械及机具在操作和使用时，应检查和观察其安全性能和安全状态。

当采用大管棚、抗滑桩、注浆、地表描杆等措施进行洞口地层加固时，应符合下列规定：

(1)管棚施工时应遵守钢管吊装和使用时的起吊安全规程，并严格按钻机操作程序进行作业；

(2)抗滑桩施工采用打桩机作业时，应采取措施加固和稳定重型机械；采用人工挖孔作业时，应设置人员上下升降设备、通风设备并采取防护措施，防止坠物伤人；

(3)注浆作业时，应加强对注浆软管和接头的完好性和可靠性检查，施工人员有完善的保护用具，堵管处理应采取先减压再处理的措施；

(4)地表描杆作业和作业时应采取措施防止卡钻，注浆人员要佩戴防护用具；

(5)施工脚手架和作业平台应搭设牢固，设扶手栏杆，并应有安全检算。

洞口开挖作业区应设置防护栏杆、防护网及人员专用上下通道。在高于 2 m 的边坡上作业时必须符合国家现行《建筑施工高处作业安全技术规范》(JGJ 80)的规定。《铁路工程基本作业施工安全技术规程》(TB 10301)规定了高处作业施工的安全防护要求，对临边、洞口、攀登、悬空、操作平台及交叉等项高处作业，以及各类洞、坑、槽等工程的应按照该规程的规定组织施工。

【案例】宁杭客运专线某隧道出口，洞口左侧边坡，出现变形、溜坍，未及时修复，存在边坡滑坡的安全隐患，如图 2-6 所示。

图 2-6　隧道边坡溜坍未及时修复

第二节　明洞施工安全

明洞是用明挖法修建的隧道，其结构形式分为独立式明洞和接长式明洞。它的结构形式常因地形、地质条件的不同而有许多种，采用最多的是拱式明洞和棚式明洞。明洞大多设置在塌方、落石、泥石流等不良地质地段。

一、施工安全技术

明洞施工方法的选择，应根据地形、地质条件、结构形式等因素确定。独立式明洞可采用明挖法或盖挖法施工；接长式明洞按开挖与衬砌的施工顺序，可采用全部明挖先墙后拱法、上部明挖先拱后墙法及部分明挖墙拱交错法 3 种。

(一)全部明挖先墙后拱法

适用于隧道埋置深度较浅,边、仰坡开挖后能暂时稳定,或在已成路堑中增建明洞的地段。施工临时边坡,应根据地质情况决定。

施工步骤:从上向下分台阶开挖,先做好两侧边墙,再做拱圈,最后做防水层及洞顶回填。

(二)上部明挖先拱后墙法

适用于明洞位于岩层破碎、路堑边坡较高,全部明挖可能引起坍塌,但拱脚岩层承载力较好,能保证拱圈稳定的地段。起拱线以上部分,采用拉槽法开挖临时边坡、仰坡。当临时边坡、仰坡不够稳定时,采用喷锚网加固坡面。先做好拱圈,然后开挖下部断面,再做边墙,拱脚应设连续的纵向钢筋混凝土托梁,并使混凝土与两侧岩石密贴。

(三)墙拱交错法

适用于半路堑、原地面边坡陡峻,由于地形限制不能先做拱圈;或由于外侧地层松软,先做拱圈可能发生较大沉陷,先墙后拱也有困难时。

1. 先做外侧边墙法

(1)先挖出外侧墙基坑,然后将外侧墙Ⅱ砌筑(或模筑)至设计高程;

(2)开挖内侧起拱线以上部分,挖除后立即架立拱架灌注拱圈Ⅳ,如有耳墙时,同时做好耳墙;

(3)在拱内落底,应随落随加支护,以保持内侧边坡的稳定;

(4)开挖内边墙马口(与内边墙Ⅶ重合部分),逐段施作内边墙Ⅶ,然后进行拱顶回填,并做防水层。

2. 挖开灌注边墙法

先拱后墙法施工的路堑式明洞,如开挖后发现地层松软、难以承受拱圈压力时,或先墙后拱法,路堑边坡明挖过深能引起边坡坍塌等不安全情况时,均可采用挖开法或拉槽法灌注边墙。施工步骤:一般开挖至起拱线后,先间隔挖开或横向与中线垂直间隔拉槽,灌注部分边墙,再做拱圈,拱脚应加纵向钢筋以形成钢筋混凝土托梁,最后挖马口做其余边墙。

明洞大多数修筑于地质较差、地形陡峻的地段,受力条件复杂。施工中应特别注意安全和结构的稳定,满足下列各项要求:

(1)开挖前要做好全部临时排水系统,选择适当施工方法,按设计要求正确测定中线和高程,放好边桩和内、外墙的位置。

(2)认真处理基础。明洞边墙基础承载力必须保证达到设计要求;有地下水流时,要采取相应措施,如夯填厚度不小于 10 cm 的碎石层或扩大基础以提高承载力;若为岩石地基,应挖至表面风化层以下 0.25 m。

(3)明洞衬砌其拱圈要按断面要求制作定型挡头板、内外模及骨架,加强各部内外模支撑,防止变形及位移。采用墙拱交错法施工时,要保证拱脚稳定,防止拱圈沉落。

明洞顶部的回填土石主要起缓和边、仰坡上的落石和支挡边坡稳定的作用。应按设计厚度和坡度进行施工。

回填土石应在做好防水层,衬砌达到设计强度的 70%时,才能开始施工。路堑式明洞拱背回填应对称分层夯实,每层厚度不宜超过 0.3 m;其两侧回填土的土面高差不得大于0.5 m;至拱顶后须满铺分层填筑;拱顶填土高达 0.7 m 以上才能拆除拱架。采用推土机等大型机械回填时,应先用人工夯填一定的厚度后,方可使用机械在顶部进行作业,并在机械回填完成后才能拆除拱架。

回填土石与边坡接触处，要挖成台阶，并用粗糙透水材料填塞，防止回填土石沿边坡滑动。

明洞与隧道衔接的施工方法，有先做明洞后进隧道和先进隧道后做明洞 2 种。在明洞长度不大和洞口地层松软、开挖仰坡和边坡时易引起坍方，或在已坍方的地段，一般是先做明洞后进隧道。在地层较为稳定或工期较紧的长隧道设有较长明洞，或是洞口路堑开挖后可能发生坍塌时，则可采用先进隧道后做明洞的施工方法。

不论是先隧后明，还是先明后隧，隧道部分的拱圈都应由内向外和明洞拱圈衔接。必须确保仰坡的稳定和内外拱圈连接良好。一般情况下，明洞与隧道的衔接处是结构防水的薄弱部位，施工时应把隧道的洞身衬砌向明洞方向延长一定长度，以达到整体防水效果。

二、施工安全要点

1. 明洞应避开雨天施工，当确需在雨天施工时，应制订严密的施工方案和防护措施；同时应加强对山体稳定情况的监测、检查。

2. 明洞开挖前，应采取洞顶及四周的防水、排水措施，防止地面水冲刷导致边、仰坡落石和塌方。

3. 明洞土石方开挖应符合下列规定：

(1)根据地形、地质条件，边、仰坡稳定程度和采用的施工方法，确定全段或分段开挖及边仰坡的坡度，开挖时应按自上而下的顺序进行；

(2)石质地段开挖，应控制爆炸药用量，减小爆破振动的影响，开挖后应立即进行边坡防护；

(3)在松软地层开挖边、仰坡时，应随挖随支护；

(4)开挖的土石不应堆弃在危害边坡及其他建筑物的地点。

4. 明洞的基础营设置在稳固的地基上。明洞回填时，应分层夯实。

【案例】海南东环铁路某隧道，隧道明洞拱顶回填没有按设计要求分层夯实(图 2-7)。既存在安全隐患，也严重影响施工质量。

图 2-7　隧道明洞拱顶回填未按设计要求分层夯实

5. 明洞衬砌施作应符合下列规定：

(1)模板及支(拱)架的强度、刚度和稳定性必须进行检算；

(2)模板及支架安装必须稳固牢靠，模板及支架与脚手架之间不得相互连接；

(3)脚手架和工作平台应搭设牢固，并设有扶手、栏杆；

(4)衬砌钢筋安装时应设临时支撑；

(5)衬砌端头挡板应安设牢固、支撑稳固，并有防止模板移动的措施；

(6)起重吊装作业时应符合起重吊装安全规程。

6. 明洞防水施工应符合下列规定：

(1)涂抹热沥青时，作业人员应佩戴防护口罩、手套、安全带等防护用具；

(2)卷材铺设时应严格遵守作业程序，不应上下同时作业。

【案例】测量管理不到位导致结构侵限

(1)事故经过

2007 年 8 月 8 日 18:00 左右,项目部明挖段技术员(见习生)通知测量组对右线 K1+245 泵房处的围护结构进行放线,测量组完成测量放线后,由于施工员不在现场,测量组长便对分包单位的现场值班人员进行口头交底,测量组在回到工程部后也没有及时向施工技术员进行书面交底及复核,同时工程部技术员在施工中也没有及时对重点部位的断面尺寸进行检查。次日,分包方考虑到是夜间放线及该段作业场地较软,桩位和插入的型钢可能存在较大误差,要求测量组对已经完成的型钢偏位情况进行检查,测量组复测后说只复测了几个点,偏差最大 20 mm,最小 5 mm,满足设计及施工要求,已施工的型钢没有问题。该段围护结构在 8 月 12～14日施工完毕,直到 10 月 2 日开挖前,测量组也没有对其进行复查。

2007 年 10 月 15 日下午,在对明挖区间排水泵房的主体结构放线过程中,发现泵房的围护结构 SMW 桩 H 型钢侵限,H 型钢插入深度 18 m,开挖深度 8.3 m,共计 13 根,平均侵限尺寸为 30～40 cm,最大的尺寸为 54 cm。发现该问题后立即对合同段内的围护结构其余型钢进行了复测,没有发现侵限现象。

(2)事故原因

①测量人员提供原始的测量资料无法说明测量放样的准确性,没有履行测量计算、复核制度,且测量放线后未进行书面交底,只对现场施工人员进行了口头交底,违反了《施工技术管理办法》中“测量桩点及测量资料交底必须在现场由测量组和施工负责人以书面形式进行交接,交接桩点不清时,不得施工;所有测量成果及放样资料应有计算、复核,并保存相关的测量资料”的规定,是造成事故的主要原因。

②明挖段技术负责人、值班技术员(见习生)对放线情况不清楚,也未向测量组索要放线交底书,在过程中对围护结构尺寸复核不到位,施工管理与测量工作脱节是造成这起质量事故的重要原因。

③项目部测量组共有 4 人,其中 2 人不会测量数据计算,质量检查人员也不足,质检组只有兼职质验员 1 人,技术力量薄弱也是造成这起质量事故的重要原因。

④项目部制订了“施工技术交底”等质量管理制度,工程部开会也多次强调质量制度落实的重要性,但在现场操作中并未严格落实,项目部施工技术管理不到位是造成这起质量事故的间接原因。

第三节　洞门施工安全

由于严寒季节洞门施工须按照冬季施工规则办理,既增加了工作量,效率又低,不如在严寒季节前施工方便(在南方温暖地区可不需受此限制)。洞口地质条件通常又都较复杂,特别是不良地质地段,在雨天进行洞口施工不易保证安全,故洞门应避开雨天和严寒季节施工,并应及早完成。

洞门牢固、稳定才能保证洞口安全,当洞门基底地质条件不符合设计要求时,则应加深或加宽或采取夯填碎石,打基桩或压浆等加固处理措施,或与勘察设计单位会同处置。因此,洞门基础必须置于稳固的地基上,当地基承载力不能满足要求时,必须结合具体条件采取加固措施。

洞门施工的脚手架不应妨碍车辆通行,强度、刚度和稳定性必须进行检算;安装必须稳固牢靠,脚手架与模板及支架之间不得相互连接;脚手架应搭设牢固,并设有扶手、栏杆。

为保证雨水不浸入坡面土体以防仰、边坡失稳坍塌,危及洞口安全,洞门完工后,其周围边、仰坡受破坏应及时处理。

【案例】宜万铁路巴东段高阳寨隧道口发生岩崩

(1)事故经过

2007 年 11 月 20 日 8 时 44 分,宜万铁路高阳寨隧道Ⅱ线进口发生特别重大坍塌事故,约 3 000 m^3的石块滑落,堆积于 318 国道,使湖北通往重庆的重要公路交通干线中断,造成现场施工人员 4 人和 318 国道行驶中的大客车内 32 人中,35 人死亡、1 人受伤,直接经济损失 1 498.68万元。图 2-8 为事故现场情况。

图 2-8　宜万铁路巴东段高阳寨隧道口发生岩崩

(2)事故原因

①直接原因

经调查认定,高阳寨隧道Ⅱ线进口边坡坍塌的直接原因是:隧道洞口边坡岩体在长期表生地质作用下,受施工爆破动力作用,边坡岩石沿原生隐蔽节理面与母岩分离,在其自身重力作用下失稳向坡外滑出,岩体瞬间向下崩塌解体,造成事故发生。

②间接原因

(a)勘察设计方面的原因

一是地质勘察与现场实际不符。勘察人员对高阳寨隧道进口段边坡岩体的隐蔽节理认识不足,对桥隧相连、与 318 国道相交的高边坡洞口施工风险重视不够,未采取切实有效措施探明不稳定岩体所处的位置和具体构造,相反却做出了岩体"岩层产状倾向山体,对棱体稳定有利"的说明。综合评价时,做出洞口边坡稳定的地质勘察结论。

二是地质勘察工作深度不够。在分析判断进口处围岩组合性和岩体完整性程度时,基于 318 国道运行近 30 年,该处陡崖未曾出现塌方、掉块,边坡基本稳定的现象,仅采取常规的地质调绘、测量及测试手段,对裂隙勘探未进行挖探等工程措施,勘察设计也未达到规定的深度。在对控制岩体稳定的隐蔽节理未做进一步探明的前提下,做出了高阳寨隧道进口工点边坡现状是稳定的判断,将高阳寨隧道施工地质定为 B 级,没有把全线唯一一处桥隧相连、与 318 国道相交的高边坡工点列入 A 级重要风险予以防范。

三是勘察设计方案中的部分措施指导性不够。由于未探明不稳定岩体,所以在施工设计图中没有提出对隧道进口部位及其下部采取有效的工程措施，进口下部没有设计锚索，而采取锚杆支护，对坍塌的巨石和边坡的稳定性没有起到加固和防护作用。在边坡设计中也没有充分考虑隧道施工爆破对边坡岩体稳定性的影响。

(b)施工单位方面的原因

一是高阳寨隧道进口超前地质探测工作不到位。施工单位没有严格按照高阳寨隧道进口Ⅱ线超前地质探测要求(高阳寨隧道施地[2007]1031A 号)对洞口岩体边坡展开进一步的勘察工作，且在实际施工中只采用冲击钻超前探测，没有采取水平钻探取岩芯进一步探测分析，因此，未能发现掌子面前方的异常地质情况和隐患点，未采取有力措施予以防范和消除。

二是施工地质工作存在缺陷。施工过程中，发现掌子面上方有层间夹黄泥情况，但未引起重视。对掌子面地质编录与观察记录深度不够，只做掌子面的素描图，未做洞壁展示图，不能描述横切导洞的不良地质结构面及其变形情况，不符合《铁路隧道施工规范》(TB 10204—2002)和《宜万铁路复杂施工地质实施细则》(宜万技[2006]240 号)要求，使得研究分析和正确判断地质变化等缺少依据。此外，地质素描仅靠刚毕业的大学生，缺乏施工地质工作经验，不能保证超前地质预报数据的准确性和真实性。

三是洞口段未严格按照批准的施工设计方案组织爆破施工。设计的小导坑开挖断面为 4.0 m×4.0 m(宽×高)，而实际开挖断面达到 4.4 m×4.5 m。11 月 20 日掌子面爆破装药的 50 个炮眼，按施工设计方案，应为 5 段延时起爆，但在实际中只分 2 段延时起爆，违反了“小导坑出洞施工方案”的爆破参数设计规定，使得小导坑开挖同段最大起爆药量由设计的 5.1 kg 增加到 6.4 kg，导致爆破震动的负面效应增大，加剧了崩塌体与母岩的分离；同时，对导洞开挖及洞口边坡监控测量也不认真、不到位。

四是对高边坡防护工程技术措施不到位。没有严格按照施工设计图纸的有关要求和工程措施组织施工。边坡防护工程设计锚杆直径为 25 mm，实际施工采用 22 mm；设计喷射混凝土厚度为 10 cm，实际喷射混凝土厚度最薄处只有 3 cm，达不到边坡设计防护要求。同时，高边坡防护设计加固方案不够合理，防护措施不完善；在进入高边坡洞口段施工前没有进行四方会勘；在隧道出洞前没有对高边坡的岩腔进行嵌补；没有完成拱顶以上 2 排锚索的张拉；高边坡施工防护和隧道洞口施工监控方案不落实，对洞口边坡的变形情况观察不仔细(无专人负责连续观察)；施工日志记录不规范、不真实。

五是火工品管理混乱，爆破设计人员没有相应的资质，火工品的领取和退库也不符合《民用爆破物品安全管理条例》的有关规定要求。

(c)监理单位方面的原因

一是部分监理人员不具备隧道监理资质。四川某监理公司将不具备隧道监理资质人员安排到宜万铁路Ⅱ线高阳寨隧道及高边坡监理岗位上；有的监理人员对桥隧和高边坡施工的技术要求和施工规范中的相关规定不熟悉，甚至看不懂设计图纸；高阳寨隧道进口工区所所聘用的监理分站长刘某只有监理员的资质，与监理合同书中要求的监理分站长应具备监理工程师资格规定不相符，尤其是刘某在 2004 年到宜万铁路监理站应聘时，提交的是伪造的监理员证书复印件(后来通过了监理员考试)。

同时，监理单位仅安排 2 名监理员承担高阳寨隧道工区监理工作，不符合《铁路建设工程监理规范》的要求，且在施工关键时刻，该工区近 4 个多月只有 1 人在现场监理，监理分站和总监都未安排监理人员进行替补，现场监理力量严重不足。

二是对关键工序未做到旁站监理。现场监理人员未按照相关规定对小导坑施工情况进行认真监理和旁站。由于现场监理人员对爆破作业等关键工序缺乏旁站监理，未能有效控制高阳寨隧道小导坑开挖、爆破作业的违规行为，安全和质量监控不力。特别是在事发前的11月19～20日7:30的施工中，现场监理人员未对施工方地质编录工作质量、地质围岩监控测量和最后一次爆破进行监理。

三是监理员违规行使职权。监理员代替监理工程师签名和签发指令，严重违反《建设工程监理规范》有关规定。

四是监理基础工作薄弱，履行职责不力。监理日志记录不全面、不规范；监理所下达的指令和监理日记中，缺乏对施工中存在的安全和质量问题的相关记录；没有督促有关单位按照设计图要求进行四方会勘，没有要求施工单位严格按照批准的洞口段施工方案组织施工；监理站总监、分管副总监在对Ⅱ线高阳寨隧道监理工作的巡检中也未按照《宜万铁路土建监理三标现场监理管理制度》和《关于加强质量监控和再次重申监理工作纪律的紧急通知》等文件要求督促基层监理人员对存在的问题予以整改。

(d)建设和安全监管单位方面的原因

作为建设管理单位和安全监管单位的武汉铁路局及武铁宜万总指挥部履行职责不力，安全监管不到位。

一是对勘察设计的技术管理不严格。没有对Ⅱ线高阳寨隧道勘察设计组织咨询；对高阳寨隧道的施工组织设计复查工作深度不够；在设计文件审查、施工图审核、施工组织设计编制过程中把关不严；未对高阳寨隧道高边坡稳定性组织进一步的勘探和评价。

二是隐患治理和安全监管不到位。未按国务院办公厅和铁道部有关隐患排查治理的工作部署，认真组织和督促参建单位开展隐患排查治理工作；在安全质量部负责安全管理的工程师李某休假期间(2007年10月6～26日)，安全隐患检查记录仍有李某的签名；未按要求对纳入风险等级隧道的高阳寨隧道进行每月施工安全评估和论证；日常经常性安全检查监督不到位。

三是对监理单位的合同履约疏于监管。对现场监理人员资质审查不严，对其业务能力和工作质量缺乏考核，尤其是对监理单位现场监理人员的监理工作监管不到位，现场核查力度不够。

(3)事故性质

经调查认定，湖北恩施宜万铁路高阳寨隧道口“11·20”特别重大坍塌事故是一起生产安全责任事故。

第三章　超前地质预测预报技术及作业安全

铁路隧道的施工、工期、造价均受到地质条件的制约。因此，了解隧道穿过地段地质条件不仅是隧道建设的需要，也是隧道工程地质工作的目的。由于隧道及其他地下工程深埋地下，工程岩体的水文地质与工程地质条件复杂多变，根据现有的地质勘探技术水平及手段所取得的资料不能完全满足施工要求，因此这些问题的解决还有待在施工中开展深入的超前地质预报工作。目前在隧道施工期间采用的超前地质预报方法从专业技术方面可分为常规地质法和物探法两大类，具体有以下几种：①超前导坑法；②正洞地质素描；③水平超前探孔；④声波测试；⑤红外探水；⑥弹性波法；⑦电磁波法。

第一节　常规地质法

一、超前导坑法

超前导坑法可分为超前平行导坑和超前正洞导坑。平行导坑的布置平行于正洞，断面小且和正洞之间有一定的距离，通过在施工过程中对导坑中遇到的构造、结构面或地下水等情况做地质素描图来对正洞的地质条件进行预报。采用平行导坑预报的优点是：平行导坑超前的距离越长预报就越早，施工中有充分的准备时间，可以增加工作面、加快施工进度，还可以起到排水减压放水、改善通风条件和探明地质构造条件的作用；采用超前平行导坑进行预报比较直观，精度高，预报的距离长，便于施工人员安排施工计划和调整施工方案。超前正洞导坑布置在正洞中，与平行导坑相比其效果更好；但采用超前导坑法进行预报也有缺陷：一是成本太高，有时需要全洞进行平导开挖；二是在构造复杂地区准确度不高。

二、正洞地质素描

地质素描是对开挖面的地质情况如实而准确的反映。素描的主要内容包括地层岩性、构造发育情况（含断层、贯穿性节理、夹层或岩脉）、地下水的出水状态、围岩的稳定性及初期支护采用的方法等。正洞地质素描是利用所见正洞已开挖段的地质情况，预报前方可能出现的不良地质条件（断层等）。图 3-1 为超前帷幕注浆进行地质观察。

针对断层而言，正洞地质素描又分断层露头作图法和断层前兆特征法。断层露头作图法对结构面向开挖后方倾斜的断层预报效果较好，因为断层先在隧道底出露，对岩体稳定性影响不大时就可以发现。对于向掌子面前方倾斜的结构面，因为先在顶部出现，预报时效果相对较差。正洞地质素描的优点是：不占用施工时间，设备简单，不干扰施工，出结果快，预报的效果好，而且为整个隧道提供了完整的地质资料；缺点是：

图 3-1　超前帷幕注浆进行地质观察

对与隧道夹角较大而又向前倾的结构面容易产生漏报。

三、水平超前探孔

水平超前探孔方法(图 3-2)是在隧道内安放水平钻机进行水平钻进,根据隧道中线水平方向上的钻孔资料来推断隧道前方的地质情况。钻孔的数量、角度及钻孔长度可人为设计和控制。一般可根据钻进速度的变化、钻孔取芯鉴定、钻孔冲洗液的颜色、气味、岩粉以及在钻探过程中遇到的其他情况来判断。

图 3-2　水平超前探孔

水平超前探孔法可以反映岩体的大概情况,比较直观,施工人员可根据现场的地质情况来安排下一步的施工组织;但该方法也存在不足之处:①在复杂地质条件下预报效果较差,很难预测到正洞掌子面前方的小断层和贯穿性大节理,特别是与隧道轴线平行的结构面,其预报很难反映出来;②钻孔与钻孔之间的地质情况反映不出来。

第二节　物探方法

地球物理探测是间接、无损的测试手段,在隧道超前地质预报中,常用的方法有声波测试、红外探水、弹性波法、电磁波法等。

一、声波测试

声波对裂隙反映很敏感,遇到裂隙即发生界面效应(反射、折射和绕射),耗损波能,波形变复杂,波速减缓;此外,声波速度的大小还和岩体强度有关。

二、红外探水

所有物体都发射出不可见的红外线能量,能量的大小与物体的发射率成正比;而发射率的大小取决于物体的物质和它的表面状况。当隧道掌子面前方及周边介质单一时,所测得的红外场为正常场,当前面存在隐伏含水构造或有水时,所产生的场强要叠加到正常场上,从而使正常场产生畸变。据此判断掌子面前方一定范围内有无含水构造。其探测原理如图 3-3 所示。

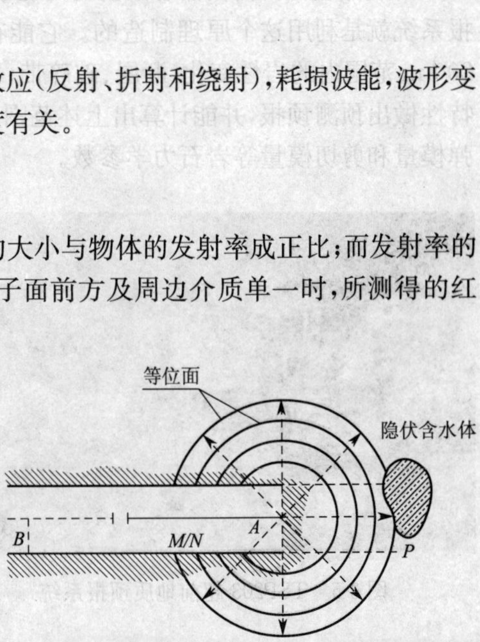

图 3-3　红外探水示意图

A—供电电极;M/N—测量电极;B—相对无穷远点(AB>300 m);P—含水体接触点

三、弹性波法

弹性波超前预报技术按观测系统可分为地震反射法(负视速度法)和水平声波剖面法。

当弹性波向地下传播时,遇到波阻抗不同的地层界面时,将遵循反射定律发生反射现象。当介质的波阻抗差异越大,反射回来的信号就越强。

(1)地震负视速度法。地震负视速度法的原理是利用地震波在不均匀地层中产生的反射波特征来预报隧道掌子面前方及周围区域的地质情况。在隧道侧壁的一定范围内布置激震点(如小药量爆破)进行激发，产生的地震波信号在隧道周围岩体内以球面波的形式传播，在不同岩层中地震波以不同的速度传播，当岩石强度发生变化时(例如有断层或岩层变化)，地震波信号的一部分将返回，这个信号称为反射波，并被高精度的接收器接收。反射界面与测线直立正交时，所接收的反射波与直接由震源发出的信号(称为直达波)在记录图像上呈负视速度。

通过计算机软件分析前方围岩性质、节理裂隙分布、软弱岩层及含水状况等，最终显示屏上显示各种围岩构造界面与隧道轴线相交所呈现的角度及距掌子面的距离，并可初步测定岩石的弹性模量、密度、泊松比等参数，以供参考。该法适用于划分地层界线、查找地质构造、探测不良地质体的厚度和范围；但仪器在作业过程中对环境的要求较高，若噪声过大则会影响采集数据的准确性。隧道地震波预测原理如图 3-4 所示。

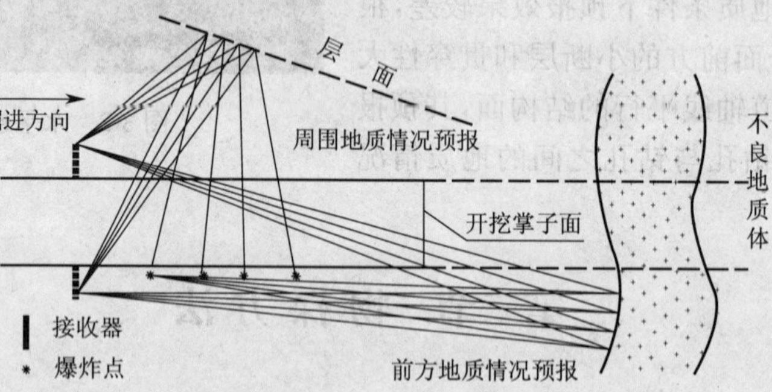

图 3-4　隧道地震波预测原理

由成都经纬科技仪器有限公司与北京市水电物探研究所联合推出的 TGP12 隧道地质预报系统就是利用这个原理制造的。它能在中等硬度级别的隧道围岩中对掌子面前方 150～200 m 范围内的岩性变化、断层、破碎带、岩溶发育带以及它们的产状、规模和前方岩层的含水特性做出预测预报，并能计算出上述范围内的纵波、横波速度、波速比、泊松比、相应岩体的动弹模量和剪切模量等岩石力学参数。

图 3-5　TSP203 超前地质预报系统

TSP203 超前地质预报系统(图 3-5)的预报原理同负视速度法，只是接收频率为10～8 000 Hz，预报长度为 100～200 m。

总的来说，采用地震反射波法进行超前地质预报，预报距离相对较长，对大的构造(尤其是张性结构面)反映明显，另外对软硬岩的变化点也有较好的反应。

(2)水平声波剖面法。该方法(接收频率为声波频段的地震波)是利用孔间地震剖面法(ABSP)的原理及相应软件开发的一种超前预报方法。震源和检波器的布置除脱离开挖工作面对施工干扰小外，还因反射波位于直达波、面波延续相位之外而不受干扰，因此记录清晰、信噪比高、反射波同相轴明显。观测时在隧道的 2 个侧壁分别布置震源和检波器，按其相对位置设计成 2 种观测方式即固定激发点(或接收点)和激发与接收点相错斜交方式。

四、电磁波法

电磁波法是利用电磁波在不同介质中产生透射、反射的特性来进行地质预报工作的，目前常用的方法是地质雷达法。

在物探后，对前方有疑问和可能造成地质灾害的不良地质宜辅以钻孔探测。必要时还可取芯，钻孔数根据需要确定。在软弱破碎围岩施工中，每循环钻孔作业时选 1～3 个钻孔加深 4～5 m，根据钻孔速度的变化和出浆的情况，可分析前方地质情况的变化。

利用地质雷达进行超前预报时，当前方岩石完整的情况下，可以预报 30 m 的距离；当岩石不完整或存在构造的条件下，预报距离小于10 m。雷达探测的效果主要取决于不同介质的电性差异（介电常数差异），若介质之间的介电常数差异大，则探测效果就好。在洞内测试时，由于受干扰因素较多，往往造成假的异常，形成误判。

目前，TSP 探测技术已经成为瑞士等国家众多隧道工程施工中的必不可少的地质超前预报手段，通常情况下每掘进 150～200 m 就做一次 TSP 测量。与钻探法等相比，这种测量方法的突出优点是测量结果的信息量大、预报范围广、测量本身成本低。在使用掘进机施工的隧道标段，TSP 超前预报测量还是唯一切实有效的测量手段，因为掘进机施工时的日进尺有时高达 25 m，超前预报的范围只有数倍于掘进机的日进尺时，这种测量才显得有意义。常规的钻孔测量法因需要较大的设备布置空间，且效率低、影响掘进机施工，不适合掘进机施工条件下的地质超前预报。

我国目前正在进行大规模的高速铁路工程建设，需要修建大量的隧道，TSP 作为一项隧道长期（长距离）的探测技术，将在减少和消除隧道施工塌方方面发挥巨大作用。设计中也已明确要求采用 TSP 进行超前地质预报，以适应高速铁路建设的需要。

第三节　超前地质预报作业安全

超前地质预报作业应考虑下列主要危险源、危害因素：

(1)工作面坍塌；

(2)找顶不彻底；

(3)高处作业台(支)架失稳、安全防护失效；

(4)突泥、突水。

超前地质预报是一种科学的施工管理手段，也是确保工程施工安全与质量的重要环节，因此将它纳入现场施工组织，有利于施工科学化管理。在具体实施时，必须做到地质预报在先，根据预报成果确定施工方案。超前地质预报的安全保障措施，应包括超前预报如何保障施工的安全措施、进行预报中如何保障操作人员与仪器设备安全的措施等。因此，超前地质预报工作必须纳入现场施工组织统一管理，并应编制超前地质预报的安全保障措施。

超前地质预报应根据表 3-1 进行地质复杂程度分级和确定预报方案。对地质复杂和较复杂的铁路隧道工程，应选择有专业资质的超前预报队伍承担。因为他们无论从预报经验还是预报方法上都比较丰富与成熟，同时预报手段也较齐全，对提高预报的准确率、保证施工安全有利。

隧道超前地质预报应按表 3-1 进行地质复杂程度分级，确定重点预报地段，并遵守动态设计原则，根据实际预报中掌握的地质情况，及时调整隧道区段的地质复杂程度分级、预报方法和技术要求等。

表 3-1 地质复杂程度分级表

影响因素 \ 复杂程度分级		复杂	较复杂	中等复杂	简单
地质复杂程度(含物探异常)	岩溶发育程度	强烈发育,以大型暗河、廊道、较大规模溶洞、竖井和落水洞为主,地下洞穴系统基本形成	中等发育,沿断层、层面、不整合面等有显著溶蚀,中小型串珠状溶穴发育,地下洞穴系统未形成,有小型暗河或集中径流	弱发育,沿裂隙、层面溶蚀扩大为岩溶化裂隙或小型洞穴,裂隙连通性差,少见集中径流,常有裂隙水流	微弱发育,以裂隙状岩溶或溶孔为主,裂隙不连通,裂隙透水性差
	突水突泥程度	特大型突水(突水量 $>100\ 000\ m^3/d$)、大型涌突水(突水量 $10\ 000\sim100\ 000\ m^3/d$)、突泥,高压水	较大型突水(突水量 $1\ 000\sim10\ 000\ m^3/d$)、突泥	中型突水(突水量 $100\sim1\ 000\ m^3/d$)、突泥	小型突水(突水量 $<100\ m^3/d$)、涌突水可能性极小
	断层稳定程度	大型断层破碎带、自稳能力差、富水,可能引起大型失稳坍塌	中型断层带,软弱,中～弱富水,可能引起中型坍塌	中小型断层,弱富水,可能引起小规模坍塌	中小型断层,无水,掉块
	地应力影响程度	极高应力 $R_c/\sigma_{max}<4$),开挖过程中硬质岩时有岩爆发生,有岩块弹出;软质岩岩芯常有饼化现象,岩体有剥离,位移极为显著	高地应力 $R_c/\sigma_{max}=4\sim7$),开挖过程中硬质岩可能出现岩爆,岩体有剥离和掉块现象;软质岩岩芯时有饼化现象,岩体位移显著	—	—
	瓦斯影响程度	瓦斯突出:瓦斯压力 $P\geqslant0.74$ MPa,瓦斯放散初速度 $\Delta P\geqslant10$,煤的坚固性系数 $f\leqslant0.5$,煤的破坏类型为Ⅲ类及以上	高瓦斯全工区的瓦斯涌出量 $\geqslant0.5\ m^3/min$	低瓦斯全工区的瓦斯涌出量 $<0.5\ m^3/min$	无
地质因素对隧道施工影响程度		危及施工安全,可能造成重大安全事故	存在安全隐患	可能存在安全问题	局部可能存在安全问题
诱发环境问题的程度		可能造成重大环境灾害	施工、防治不当,可能诱发一般环境问题	特殊情况下可能出现一般环境问题	无

注:R_c 为岩石单轴饱和抗压强度(MPa);σ_{max} 为最大地应力(MPa)。

根据地质复杂程度,有 2 种解决办法:

(1)对于地质复杂和较复杂的隧道工程,应由建设单位组织统一招标,选择有经验的队伍承担超前地质预报;对于地质中等复杂和简单的隧道工程,由施工单位自行承担超前地质预报。

(2)对位于区域地质条件复杂的隧道,应根据区域地质勘测资料,选择以钻探法为主,结合所测得的资料进行综合分析,达到相互补充、相互印证,提高预报准确率。

由于超前地质预报技术的发展水平的限制,目前尚无一种方法能解决所有的工程地质预报问题的方法,同时预报环境受到的干扰因素太多,不同的物探方法对环境的要求也不尽相同，因此要求对位于区域地质条件复杂的隧道选用多种不同原理的方法，并对测得的资料进行综合分析、达到相互补充和相互印证，提高预报的准确率。

超前地质预报强调多种方法相互补充、相互印证，这并非要求所有的隧道工程项目都这样操作。对地质条件复杂和比较复杂的高风险隧道工程，为提高预报的准确率，避免预报盲区、杜绝灾害性事故的发生，根据地质复杂程度分级确定预报方法是非常必要的，在常规预报的基础上再进行精细预报，可提高预报的准确率；而对地质中等复杂和简单的隧道工程可仅由施工单位采取一两种常规方法承担超前预报。

进入隧道施工的所有人员都必须进行安全教育，并要求熟练掌握相关安全操作规程，超前地质预报人员也不例外，在开展预报工作前对他们进行安全教育是十分必要的。因此，超前地质预报人员必须经过隧道施工安全教育培训，并掌握安全操作技术和安全生产的基本知识。

特殊地层及存在高地温、地应力问题的隧道进行地质预报时，应符合下列要求：

(1)对含可燃气体、有害气体、放射性物质等特殊地层的隧道及存在高地温、地应力等地质问题的深埋隧道，应按国家现行有关标准的规定进行分析判断。

【案例】某含可燃气体隧道爆炸事故

(1)事故前简况

隧道全长 2 410 m，已开挖 2 270 m，混凝土衬砌已完成 1 314 m，与邻近工区之间的开挖还剩 140 m。

通风方法：距洞口 1 030 m 处设置排气竖井(L=70 m，内径 762 mm)，用大型风机进行 500 m^3/min 的通风。洞内，在竖井附近约 30 m 的位置设有纵向排列逆流式通风机(30 kW×2 台，500 m^3/min，500 mmAq)，使用 ϕ600 mm 的风管，在掌子面的通风量有 360 m^3/min 左右。

(2)事故简况

事故发生时，洞内有 9 人在作业，据推测，可能是在掌子面进行出渣和浇筑混凝土作业，但在 17 时 10 分左右，当自动报警装置发出警报之后就发生了爆炸。原因不明。

(3)处理方法

①在掌子面实施 2 个超前钻孔，并留出 5 m 的残孔长度；

②专人进行瓦斯测定；

③当瓦斯浓度达到 1%时，禁止作业并疏散；瓦斯浓度达 1.5%时切断电源；

④电气设备采用防爆型结构，洞内禁止烟火。

(2)对含瓦斯和天然气的隧道，应遵守国家现行《煤矿安全规程》和《铁路瓦斯隧道技术规范》(TB 10120)等的有关规定。

(3)进行隧道地质预报时，必须先监测有害气体浓度，超标时应加强通风，浓度符合卫生标准要求后可进入工作面。

隧道通过煤系地层、金属和非金属矿区的采空区时，为防止透水淹井事故发生，必须仔细查明废弃矿巷与隧道的空间关系，为进一步有效处理提供决策依据。施工中可采取地质分析法、物探法、钻探法相结合进行综合预报，并要求采取精细预报，避免预报盲区。因此，隧道通过煤系地层、金属和非金属矿区中的采空区时，应查明废弃矿巷与隧道的空间关系，分析评价其危险程度及对隧道的影响程度。

地质预报工作必须在隧道找顶作业结束后(高地应力区隧道应待工作面支护完成后)进行，开始工作前应观察操作空间上方、周围有无安全隐患，特别是钻探工作面附近是否还有危石存在，确保预报人员的安全。

超前地质预报当使用作业台架、高空升降车灯设备时，设备应安设牢固，操作人员应遵守高处作业的有关规定。

采用钻探法预报时，钻孔作业应符合下列规定：

(1)应编制钻孔作业指导书，开钻前应进行安全技术交底；

(2)应采用电机驱动钻机，施工用电由持证上岗的电工负责；

(3)孔口管必须安设牢固；

(4)钻机使用的高压风、高压水的各种连接部件应采用符合要求的高压配件，管路连接应安设牢固并经常检查；

(5)钻孔时，钻机前方应安设挡板，除操作人员外其他人员禁止进入工作区域。

对突(涌)水(泥)的高风险隧道工程，超前地质钻孔预报是必须进行的项目。这一工作通常由施工单位自己完成，但在操作的过程中必须做好防突(涌)水(泥)预案，防止超前钻孔过程中因揭露高压大流量地下水(泥)发生安全事故，要保证在逼近异常带进行超前钻孔时，如一旦发现异常情况能完全做到操作可控，并能进一步采取有效措施处理。

在高压富水区实施超前钻孔时，为防止钻孔过程中揭穿高压水伤人，除在孔口牢固设置安全装置外，还必须设置安全挡板，以防止突(涌)水(泥)发生时意外伤人，同时规定除操作人员外的其他人员不得进入危险区且操作人员应工作在钻机的侧向。

超前钻孔过程中发现有顶钻现象，常是一种比较危险的信号，通常预示前方可能有高压水(或压力瓦斯)存在，因此要作好钻孔过程记录，当发现该异常信号时必须停止钻孔并立即报告，以便及时采取措施处理。因此，在可能发生突水、突泥的地段，进行超前钻探时应符合下列规定：

(1)在斜井和反坡地段施工，当其处于富水区时，超前钻探作业应做好钻孔突(涌)水处治理方案，确保人员与设备的安全；

(2)必须安装孔口安全装置，并蒋孔口固定牢固，装上控制闸阀，进行耐压试验，达到要求后，方可钻进施工；

(3)当地下水压力大于一定数值时，应在孔口管上焊接法兰盘，并应描杆将法兰盘固定在岩石壁上；

(4)对软弱破碎带地层，应设置止浆墙；

(5)钻探过程中发现岩壁松软、掉块或钻孔中的水压、水量突然增大，以及有顶钻等异状时，必须停止钻进，立即上报处理，并派人监测水情；

(6)当发现情况危急时，必须立即撤出人员，然后采取措施进行处理。

【案例】安全员安全防护到位，避免了重大安全事故

2009 年 4 月 6 日 16:05 分，某局施工的厦深铁路梁山隧道 1 号斜井工地，现场安全员黄才义发现隧道正洞 DK96＋505 掌子面右侧涌水量突然变大，且涌水变浑浊，随即通知洞内施工人员撤离现场。16:30 掌子面方向发生一声巨响，隧道发生突水突泥，并伴随强大气流冲出，斜井口瞬间扬起巨大灰尘。17:05 对坍塌现场进行观察，发现涌泥已至二衬台车 DK96＋275 处，将停在现场的 PC300 型挖掘机推移近 10 m(涌泥末端距掌子面约 230 m)，0.5 h 涌泥量近 20 000 m^3。由于现场安全员发现及时并采取了果断措施，将洞内正在进行注浆、仰拱、二衬等 80 余名施工作业人员全部撤离现场，避免了可能发生的重大安全事故。

加深炮孔法预报是比较容易接受的钻探法预报，使用比较灵活且快速，其预报面积较大，

比较受欢迎，但严禁在炮孔的残孔内钻孔，防止存在盲炮而诱发安全事故。因此，采用钻探法预报时，严禁在残孔内加深炮孔进行探测。

地震波反射法预报必须使用火工产品才能实现信号的采集，这就要求超前地质预报实施单位应具备爆炸物品的使用资质，操作人员要持有爆破证。当预报单位或个人不具备资质时，必须与工程施工单位签订协议，由施工单位具备资质的爆破人员协助完成该项工作，但爆炸物品的使用和管理必须统一由施工单位负责，使用必须遵守施工单位的相关制度和国家现行《爆破安全规程》的有关规定。采用地震波反射法预报时，使用的炸药量不得大于 75 g。炸药和雷管必须由持有爆破证的专人领取和操作，非专业人员严禁从事爆破作业。

第四章　钻爆法洞身开挖安全

第一节　洞身开挖安全概述

隧道洞身开挖作业应考虑下列主要危险源、危害因素：

(1)开挖方法选择不当，或擅自改变施工方法；

(2)开挖循环进尺过大，支护不及时；

(3)找顶不彻底；

(4)开挖作业台架防护措施不到位；

(5)爆破作业时无安全防护，爆破作业违章操作。

隧道开挖前，施工单位应编制开挖专项技术方案，方案应包括开挖方法、工艺流程、安全技术措施等内容。

与隧道地质条件、断面大小等条件相适应的开挖方法，在很大程度上决定了隧道开挖的安全。调查表明，由于开挖方法选择不当，造成隧道塌方发生安全事故现象比较普遍。因此，隧道开挖方法应根据其地质条件、断面大小、施工装备、工期等条件的变化，在施工过程中进行适宜的调整。

采用光面爆破或预裂爆破目的是减少超欠挖，同时减轻对围岩的扰动，有利于充分发挥围岩的自承能力；控制循环进尺，可减少一次同时爆破药量，也可减轻对围岩的扰动。当围岩完整时，在隧道拱部采用光面爆破的效果较好，而在侧壁采用预裂爆破的效果较好。因此，钻爆开挖应采用光面爆破或预裂爆破技术，控制循环进尺，减少对围岩的扰动，并不应对初期支护、衬砌结构和施工设备造成损伤。

大多数并行隧道之间的线间距在 30～50 m，开挖爆破所产生的震动对相邻隧道有较大的影响，所以两洞开挖面应保持合理的纵向距离。因此，2 座平行的隧道开挖时，其 2 个同向开挖工作面应保持合理的纵向距离；间距小的隧道，必须采取措施防止后行洞开挖对先行洞产生不良影响。

隧道双向开挖接近贯通面，隧道 2 个开挖工作面接近 15 m 距离时，2 座隧道爆破一般情况下会相互影响。对于土质或岩层破碎的隧道，还应适当加大预留贯通的安全距离。因此，隧道双向开挖接近贯通面时，两端施工应加强联系与统一指挥，当隧道 2 个开挖工作面距离接近 15 m 时，必须在一端掘进，另一端停止作业并撤走人员和机具；同时在安全距离处设置禁止入内的警示标志。

开挖前，进行钻爆设计是开挖质量和安全的技术保证。随着大量隧道工程的修建，特别是紧邻构筑物的隧道，爆破对环境的不良影响也在增加，甚至造成安全事故。因此，隧道采用钻爆法开挖必须进行钻爆设计，钻爆设计应考虑爆破震动和噪声对周围环境的影响，应采取减少震动和降低噪声的技术措施。

洞内施工场地狭窄，视线较差。为避免机械伤人，隧道采用机械开挖时，应根据其断面和作业环境合理选择机型，划定安全作业区域，并设置警示标志，非作业人员不得入内。

采用人工开挖，一般是在地质条件差，容易掉块、塌方的地层中，而且作业人员较集中。为保证在紧急情况下人员的迅速撤离，作业人员应保持必要的安全操作距离，作业时必须设专人指挥。

隧道开挖过程中，开挖台架的强度、稳定性不够和四周未进行安全防护是导致作业人员高处坠落和被物体打击的主要原因，故隧道开挖使用的作业台架应进行强度、刚度和稳定性检验，经验收合格后方可使用，台架四周必须设置安全防护栏杆。

隧道找顶必须在通风后进行，并有专人指挥，照明应有充足的光照度；找顶后必须进行安全确认，合格后其他作业人员方可进入开挖工作面作业。

对于围岩地质条件较好的地层施工中，初期支护如果存在侥幸心理，不严格按设计施作，有可能埋下了事故隐患而导致安全事故或质量事故。因此，隧道在开挖下一循环作业前，必须对照设计检查初期支护施作情况，确保施工作业环境安全。

【案例】某隧道 DZIK50＋319～DZIK50＋274 段初支测量偏差事件

(1)事故经过

2006 年 4 月 29 日，隧道进口方向正洞施工至 DZIK50＋340。根据施工测量需要，项目部测量组于该日定 DZIK50＋366.709(YH)处临时桩，以 DZIK50＋476.709 为置镜点，DZIK50＋560.549 为后视点(置镜点和后视点均经处测量组复核)，该临时桩点经复核后投入使用。2006 年 5 月 23 日，项目部测量组重新定桩时对 DZIK50＋366.709(YH)临时桩进行复核，发现该桩点坐标偏移(X 方向偏移 76 mm，Y 方向偏移 25 mm)。

4 月 29 日—5 月 23 日，以 DZIK50＋366.709 临时桩点为置镜点进行测量的施工范围为 DZIK50＋340～DZIK50＋274，共计 66 m。该段原设计为Ⅳ级围岩，因围岩较差，已变更为Ⅴ级，格栅钢架 1 榀/m，初喷射混凝土 22 cm，其中 DZIK50＋340～DZIK50＋319 段偏差量为 3～5 cm，早已衬砌。2006 年 11 月 7 日，项目部测量组采用断面仪对 DZIK50＋319～DZIK50＋274 段进行复测，测得隧道线路右侧超挖，左侧欠挖，偏差量为 11～30 cm。

(2)事故原因

①DZIK50＋366.709 处临时桩距掌子面较近(最小时为 26 m)，该段隧道有渗水，渗水浸泡桩点，加上出渣车辆来回碾压，导致桩点逐渐偏移，是造成此次事故的直接原因；

②负责该段现场测量人员，使用临时桩点近 1 个月时间，未按要求对临时桩点进行复核，是造成此次事故的主要原因之一；

③项目总工未严格执行测量三级复核制，未及时对测量桩点进行复核，是造成此次事故的主要原因之二。

第二节　各种开挖法施工安全

一、全断面法开挖安全

(一)施工安全技术

按照隧道设计轮廓线一次开挖成形的施工方法叫全断面开挖法(简称全断面法)，如图 4-1 所示。该施工方法的特点是作业空间较大，有利于大型机械化配套作业以提高工程进度，且操作工序少、操作方法简单、施工干扰小、便于施工组织和管理。其缺点是由于开

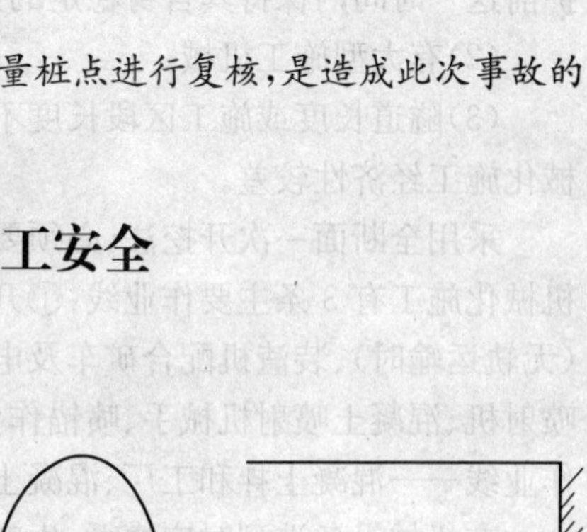

图 4-1　全断面开挖法

挖断面大，对地质条件要求严格，围岩必须有足够的自稳能力，且每循环工作量相对较大，要求施工单位具有较强的开挖、出渣、运输及支护技术能力。图 4-2 为全断面法施工实景。

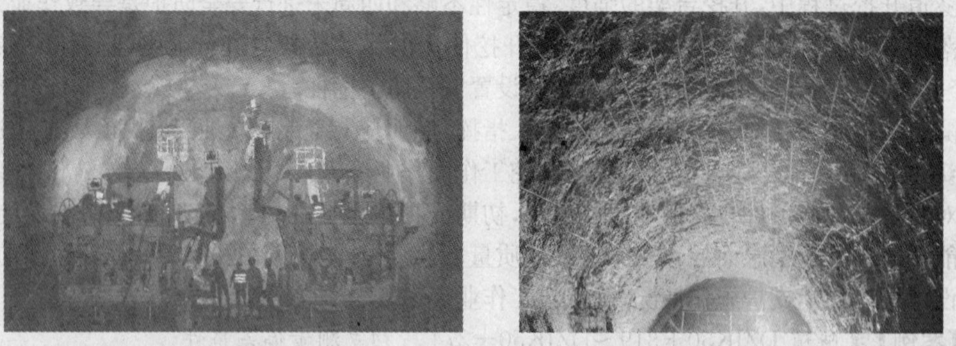

(a) 台车钻眼施工　　(b) 光面爆破效果

图 4-2　全断面法施工实景

全断面一次开挖法是按照隧道设计轮廓一次爆破成形，然后修筑衬砌的施工方法。

1. 施工顺序

(1)用钻孔台车钻眼，然后装药连线；

(2)退出钻孔台车，引爆炸药，开挖出整个隧道的断面轮廓；

(3)排除危石，安装拱部锚杆(必要时)和喷射第一层混凝土；

(4)装渣、运渣；

(5)安装边墙锚杆(必要时)和喷射第一层混凝土；

(6)拱部、边墙喷射第二层混凝土(必要时)；

(7)在围岩和初期支护基本稳定后，或按施工组织要求的日期施作二次模筑混凝土衬砌及灌注隧道底部混凝土。

2. 适用条件

(1)适用于Ⅰ～Ⅲ级整体性好的围岩，用于Ⅳ级围岩时，围岩应具备从全断面开挖后到支护前这一时间内保持其自身稳定的条件；

(2)有大型施工机械；

(3)隧道长度或施工区段长度不宜太短，根据经验一般不应小于 1 km；否则，采用大型机械化施工经济性较差。

采用全断面一次开挖法，必须要注意机械设备的配套，以充分发挥机械设备的效率。隧道机械化施工有 3 条主要作业线：①开挖作业线——钻孔台车、装药台车、装载机配合自卸汽车(无轨运输时)、装渣机配合矿车及电瓶车或内燃机车(有轨运输时)；②喷锚作业线——混凝土喷射机、混凝土喷射机械手、喷锚作业平台、进料运输设备及锚杆注浆设备；③模筑混凝土衬砌作业线——混凝土拌和工厂、混凝土输送车及输送泵、施作防水层作业平台、衬砌钢模台车。

在机械设备选型时应遵循：生产性、可靠性、经济性、维修性、环保性、耐用性、灵活性及配套性 8 个原则。

3. 施工主要特点

(1)工序少，便于施工组织和管理；

(2)开挖一次成形，对围岩扰动小，有利于围岩稳定；

(3)开挖断面大,可采用深孔爆破以提高爆破效果,加快掘进速度,如大瑶山双线隧道施工中最深钻孔达 5.15 m,单口月成洞达 150～240 m;

(4)作业空间大,有利于采用大型施工机械设备,实现综合机械化施工,从而提高劳动生产率,减轻施工人员的劳动强度,降低工程造价。

4. 全断面法在高速铁路隧道中的应用

在高速铁路隧道中,全断面法主要用于地下水状态为干燥或潮湿的Ⅰ～Ⅲ级围岩的单线隧道施工,在Ⅳ～Ⅴ级围岩采用全断面法施工时,必须辅以辅助工法,如正面喷射混凝土、打设正面锚杆等。双线铁路隧道开挖面积达 140～170 m^2,受施工机械作业能力的限制,难以采用全断面法。

高速铁路隧道采用全断面法施工,应注意以下问题:

(1)循环进尺的控制。由于全断面法一次开挖断面大,选用全断面法开挖方法时应慎重。若采用全断面法施工,其循环进尺宜控制在 3.0～4.0 m。

(2)支护类型的选择。全断面法开挖选择支护类型时,应优先考虑锚杆和锚喷射混凝土、挂网等支护。

(3)应加强对开挖面前方的工程地质和水文地质调查。对不良地质情况,要及时预测预报、分析研究,随时准备好应急措施(包括改变施工方法),以确保施工安全和工程进度。

(4)加强对各种辅助作业和辅助施工方法的设计与施工检查。尤其在软弱破碎围岩中使用全断面法开挖时,应对支护后围岩的动态进行测量与监控,对各种辅助作业的三管两线(高压风管、高压水管、通风管、电线和运输路线)要求保持技术状态良好。

长 10 081 m 的武广客运专线大瑶山一号隧道(双线)就采用了全断面开挖法,其Ⅴ级围岩开挖断面积达到了 154.4 m^2,其建成表明全断面开挖法能用于高速铁路大断面隧道。

(二)施工安全要点

(1)隧道采用全断面开挖,爆破用药量较大,所产生的震动也较大,所以应控制一次同时起爆的炸药量和循环进尺,降低爆破震动对围岩的影响和确保开挖工作面的稳定。

(2)在隧道地质条件较差的情况下,一般应采用台阶法或分部法开挖;但因各种原因,须采用全断面开挖时,应对围岩进行超前支护或预加固,如采用玻璃纤维锚杆等技术手段,并须控制循环进尺。

(3)在施工中,由全断面法转换成其他开挖方法,在施工组织、施工进度、施工效率等方面都会受到一定程度的影响,施工单位往往抱有侥幸心理,结果造成隧道塌方甚至发生安全事故,因此一旦隧道地质条件发生变化,应及时采取措施或变换成与之适宜的开挖方法。

(4)全断面法开挖,其开挖高度较大,爆破后人工找顶比较困难,且找顶人员容易暴露在刚开挖未初期支护的岩面下,存在较大安全隐患。因此一般先采用挖掘机等设备将失稳岩块清除,然后再由人工找顶。

二、台阶法开挖安全

(一)施工安全技术

所谓台阶法施工,就是为了控制围岩变形,而将结构断面分成上、下两断面或几个作业面,分成 2 步或多步开挖的方法,如图 4-3 所示。

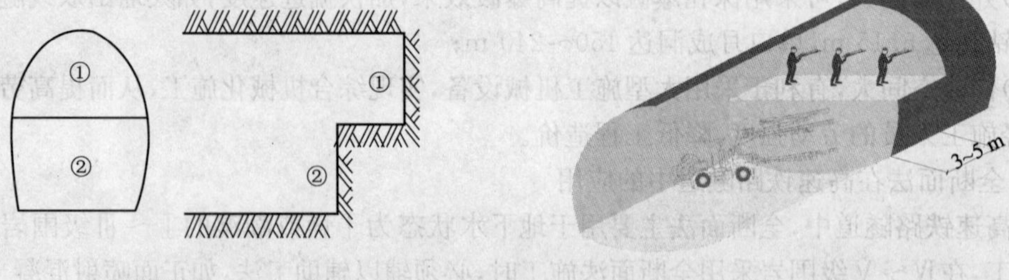

(a) 纵横断面　　　　(b) 三维示意图

图 4-3　台阶法

台阶法开挖的优点有:①灵活多变,适用性强。凡是软弱围岩地层,均可采用台阶法,是各种不同开挖方法中的基本方法,而当遇到地层变化时能及时变换成其他方法。②具有足够的作业空间和较快的施工速度,台阶有利于开挖面的稳定,尤其是上部开挖支护后,下部作业则较为安全。

台阶法开挖的缺点是上下部作业相互干扰。施工中应注意下部作业时对上部稳定性的影响和台阶法开挖增加围岩被扰动的次数等。视围岩条件及机械配套情况派生出的各种台阶法如表 4-1 所示。可根据工程实际、围岩条件及机械条件,选择适合的方式。

表 4-1　大断面隧道台阶施工法比较

工法	优点	缺点	适用围岩级别	开挖顺序
上半断面超前台阶法	(1)能够利用大型施工机械,施工性好 (2)与 CD 法并用,即使遇到不良地质也能适应	在超大断面的场合,开挖工作面稳定性没有其他方法好,比较适合于良好的围岩	Ⅱ～Ⅳ	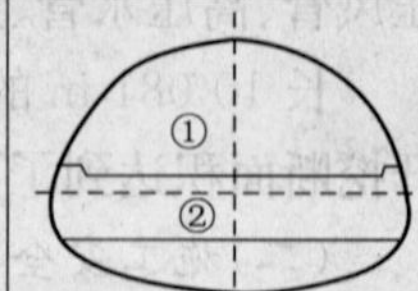
上半断面中壁法	(1)与 CD 法比,开挖工作面稳定性高 (2)在不良地质条件下,辅助工法规模小 (3)超前的开挖工作面也可以与导坑一样确认地质状况 (4)在适用区间连续条件下,比 CD 法的开挖速度快	(1)综合速度较慢 (2)后进侧拱顶附近的锚杆不能成直角打设 (3)中壁要废除 (4)通风方法要研究	Ⅱ～Ⅴ	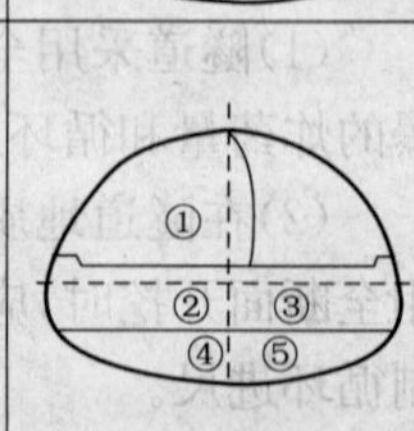
采用辅助工法的短台阶法	(1)能够有效利用大型机械,施工性好 (2)视围岩条件变化,可变为台阶法	(1)辅助工法规模大 (2)需要掌子面前方探查,以决定辅助工法	Ⅳ～Ⅴ	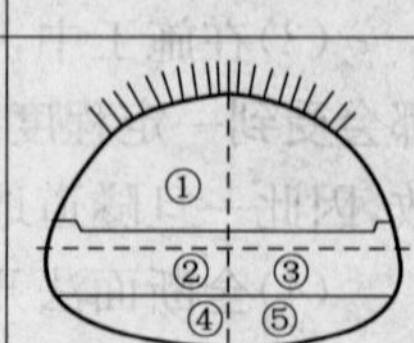

上下台阶之间的距离,应能满足机具正常作业,并减少翻渣工作量。当顶部围岩破碎、施工支护须紧跟时,可适当延长台阶长度,减少施工干扰。台阶不宜多分层,装渣机械应紧跟开挖面,以减少扒渣距离。

【案例】某隧道塌方事故

(1)工程概况

侯家湾四号隧道(单线铁路隧道)位于内昆线昭通彝良县境内 3 层展线段的中间一层,全长 2 228 m,里程为 DK346＋187～DK348＋425,隧道纵坡 19.5‰。进口端位于 R＝500 m 的曲线上。隧道线路上部建筑按重型轨道设计,后期铺设 60 kg/m 钢轨。隧道建筑界限按隧限—2A(单线电化铁路)设双侧高式水沟和双侧电缆槽,为Ⅰ级电气化铁路。

(2)塌方情况

在该隧道的施工中,考虑到围岩比较破碎,分上、下2层台阶开挖,在按设计施作初期支护的情况下,DK346+282~DK346+299段17 m拱部初期支护于1999年1月21日8时20分在事先没有任何迹象的情况下,突然响声大作,瞬间发生坍塌,初期支护全被压垮,洞内全断面封堵,地表形成直径8 m、深4 m的口小肚大的塌穴,塌方数量为3 630 m^3。

(3)原因分析

①降雪和地下水的激发

1999年1月10~14日,昭通地区连降大雪,侯家湾四号隧道所处地区积雪厚度达50 cm,由于隧道穿越的山体自然坡度近45°,穿山背进入低凹地形,积水面积大。因此,冰雪融化后渗入土体内,增加了土体重量,降低了土体胶结性,使土体自稳能力降低,极易造成坍方。

②地质因素

隧道拱顶上方埋深为21 m,埋深上部为松散的砂黏土,下部为风化破碎的玄武岩,经雪水渗透浸泡,达到饱和状态,失去自稳能力。

③人为因素

施工工序安排欠科学,上半断面开挖拉得过长,比下半断面超前85 m,只做初期支护,却未及时做拱部衬砌,造成松动应力过大;对台阶后部已开挖,只做初期支护段形成较大的松散压力,极不安全。

(4)处理与防治措施

①地面塌陷的处理方法

对坍塌凹部壁施作挂网、锚喷支护,对坍塌漏斗地表进行截水,必要时搭遮雨棚,防止地表水灌入坍体内。待洞内处理完毕,采用土石夯填到高于原地面,等填土下沉稳定后,用50号浆砌片石铺砌。

②坍体洞内的处理方法

对坍体开挖面轮廓线外加设管棚和小导管注浆进行预加固,固结后进行坍体段的开挖。

(a)在坍体段拱部采用大管棚和小导管注浆,挂钢筋网、格栅钢架并施作混凝土初期支护,边墙施以侧壁小导管注浆和锚喷加固;

(b)坍体段拱部、边墙初次衬砌设钢轨钢架(1榀/0.7 m),并灌注混凝土;

(c)坍体段按先拱后墙法施工,拱脚内增设钢轨托梁并向坍体内端延伸约10 m,防止拱部下沉;

(d)上半断面已开挖且已做初期支护,待塌方处理后立即做拱部衬砌再进行下半断面开挖,以确保该段安全。

在软弱围岩中以前一条件为主并兼顾后者,以确保施工安全。在较好围岩中主要考虑如何更好地发挥机械设备的效率,保证施工中的经济效益,为此可侧重考虑后一条件。

在台阶法施工中,开挖下部断面时应注意以下事项:

(1)下部开挖时,应注意上部的稳定。若围岩稳定性较好,则可以分段顺序开挖;若围岩稳定性较差,则应缩短下部掘进循环进尺;若围岩稳定性更差,则可以左右错开,或先拉中槽后挖边帮。

(2)下部边墙开挖后必须立即施作初期支护。

(3)施工测量应及时跟上,当发现围岩的位移速率增大时,应立即闭合仰拱以增加结构的刚度。

(4)要解决好上、下半断面作业的相互干扰问题。尤其短台阶法干扰较大，要做好作业组织。对于长度较短的隧道，可将上半断面贯通后，再进行下半断面施工。

各国高速铁路隧道施工实践证明，台阶法已成为大断面隧道施工的主流施工方法。日本在修建第二东名—名神高速公路隧道（隧道开挖断面积为150～200 m^2）中，80%的隧道采用了各种台阶法。中国台湾台北—高雄高速铁路隧道（隧道净空有效面积为90 m^2，开挖断面积为130～150 m^2），大部分也是采用台阶法修建的。德国科隆—法兰克福高速铁路上的隧道工程，虽然地质条件比较差，但多数隧道仍采用台阶法施工。图4-4为台阶法开挖施工实景。

图 4-4　台阶法施工实景

根据台阶长度进行划分，台阶法分为长台阶法、短台阶法和超短台阶法3种。大断面隧道施工中经常采用短台阶法和超短台阶法。

短台阶法是分成上下2个断面进行开挖，只是2个断面相距较近，一般上台阶长度小于5倍但大于1～1.5倍洞跨，短台阶法的长度在10～20 m。由于上、下半断面的开挖面较接近，上台阶出渣时对下半断面施工的干扰较大，不能全部平行作业。为解决这种干扰，可采用长皮带机运输上台阶的石渣；或设置由上半断面过渡到下半断面的坡道，将上台阶的石渣直接装车运出。过渡坡道的位置可设在隧道中间，也可交替地设在两侧。过渡坡道法适用于断面较大的双线隧道中。

由于短台阶法可缩短支护结构闭合的时间，改善初次支护的受力条件，有利于控制隧道收敛速度和量值，所以适用范围很广，Ⅱ～Ⅵ类围岩都能采用，尤其适用于Ⅱ、Ⅲ类围岩，是新奥法施工中主要采用的方法。

采用短台阶法时应注意的问题：初次支护全断面闭合要在距开挖面30 m以内，或距开挖上半断面开始的30 d内完成。初次支护变形、下沉显著时，要提前闭合，要研究在保证施工机械正常工作的前提下使台阶的最小长度。

超短台阶法也是分成上、下2部分，上台阶仅超前3～5 m，只能采用交替作业。有资料表明：若台阶长度设为5～8 m，则可同时作业。适用于膨胀性围岩和土质围岩须及早封闭断面的情况。在以全断面开挖法为主要方法的硬质围岩中，由于一部分地质条件变化而需要采用分部开挖时，也可用此方法。超短台阶法施工时的上、下半断面的开挖面是同时掘进的，出渣也是同时进行的。

按照施工的变化方案，可以分为导坑超前扩挖台阶法、多层台阶法、中隔壁台阶法、临时仰拱封闭台阶法、长台阶法、短台阶法和超短台阶法。下面主要介绍导坑超前扩挖台阶法、多层台阶法和临时仰拱封闭台阶法，中隔壁台阶法也属于分部开挖法，本书把中隔壁台阶法放到分部开挖法中予以介绍。

(1)导坑超前扩挖台阶法

台阶法有许多变化方案，如导坑超前扩挖台阶法，它是台阶法和导坑超前扩挖法的结合，即先由爆破法开挖一个小导坑形成临空面，再使用钻爆法台阶开挖。

(2)多层台阶法

当隧道断面较高时，可以用多层台阶法开挖，如图4-5所示。

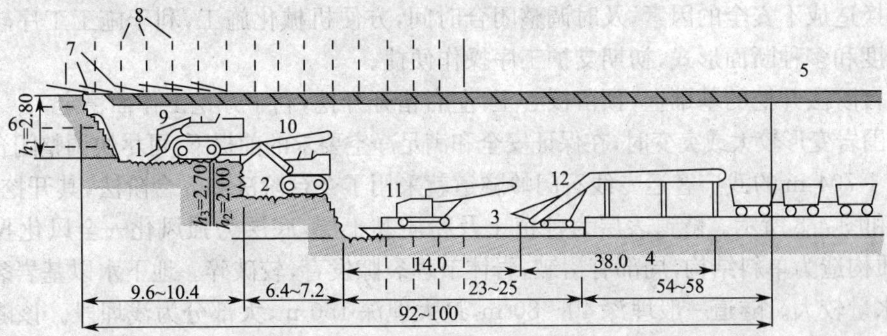

图 4-5　多层台阶法施工示意图(单位:m)

1—上台阶;2—中台阶;3—下台阶;4—浇筑仰拱;5—浇筑衬砌;6—加强开挖工作面锚杆;7—超前锚杆;8—径向锚杆;9—挖装机;10—挖掘机;11—装载机;12—转运机

台阶长度一般不超过 1.5 倍洞径。多层台阶法适用于单层台阶上半断面掘进的导坑尺寸较大、开挖面难以自稳的情况。由于在低强度的围岩中,整个开挖断面要分为 3 步开挖,故开挖造成的应力重分布的次数较多,而且台阶多,断面闭合的时间也加长。所以,在选择这种方法时,先要进行充分研究,在采用稳定开挖面的辅助工法(开挖面超前锚杆与喷射混凝土、小型管棚、改良围岩等)分 2 步开挖仍很困难时才采用。在地表有建筑物等情况下,预计地表、洞内下沉(位移)超过允许限值时,应同时采用临时仰拱控制变形的发展。

全长 8 483 m 的郑西客运专线张茅隧道采用了 3 台阶 7 步开挖法(图 4-6),是以弧形导坑开挖留核心土为基本模式,分上、中、下 3 个台阶 7 个开挖面,各部位的开挖与支护沿隧道纵向错开,平行推进的隧道施工方法。3 台阶 7 步开挖法适用的隧道开挖断面为 100～180 m^2。该方法适用于Ⅳ、Ⅴ级围岩,地质主要有黄土、强风化岩层等。

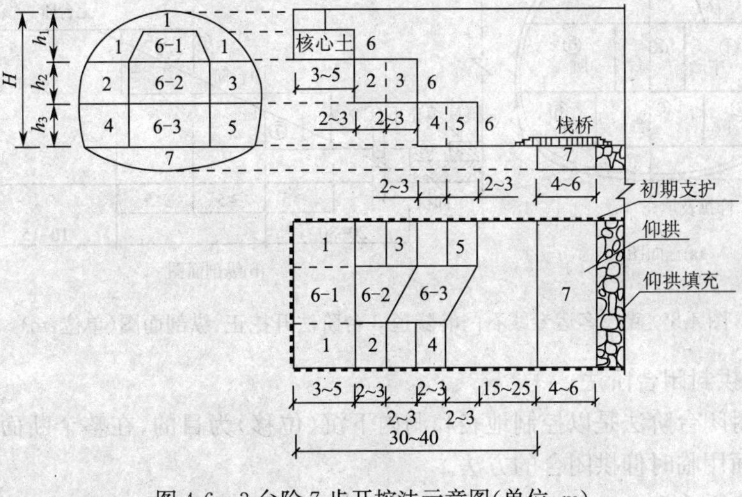

图 4-6　3 台阶 7 步开挖法示意图(单位:m)

3 台阶 7 步开挖法具有下列技术特点:

①施工空间大,方便机械化施工,可以多作业面平行作业。部分软岩或土质地段可以采用挖掘机直接开挖,工效较高。

②在地质条件发生变化时,便于灵活及时地转换施工工序,调整施工方法。

③3 台阶 7 步开挖法规避了侧壁导坑法、中隔壁法及交叉中隔壁法等需要拆除临时支护

及受力转换造成不安全的因素，及时调整闭合时间，方便机械化施工，利于施工工序转换。适应不同跨度和多种断面形式，初期支护工序操作便捷。

④在台阶法开挖的基础上，预留核心土，左右错开开挖，利于开挖工作面稳定。

⑤当围岩变形较大或突变时，在保证安全和满足净空要求的前提下，可尽快调整闭合时间。

全长 1 704 m 的武广客运专线石门岭隧道就采用了 2 台阶法和 3 台阶法，其开挖纵、剖面如图 4-7 和图 4-8 所示。隧道表层为种植土及粉质黏土层，底层为强风化—全风化Ⅳ～Ⅴ级板岩，地质构造为单斜结构，局部有褶皱，岩体节理裂隙发育，较破碎。地下水以基岩裂隙水为主，局部水量较大。隧道一般埋深 40～80 m，最大埋深 150 m，大部分为浅埋段。该隧道单向月平均施工进度 52 m/月，表明高速铁路隧道采用台阶法施工能够在确保施工安全、隧道结构安全的同时实现隧道快速掘进。

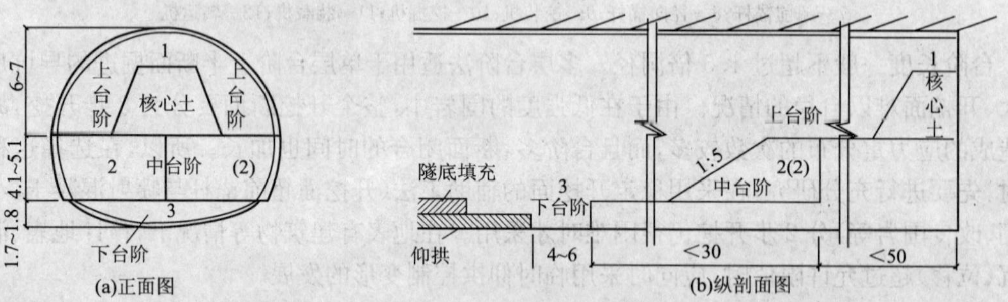

图 4-7　武广客运专线石门岭隧道 2 台阶法开挖正、纵剖面图(单位：m)

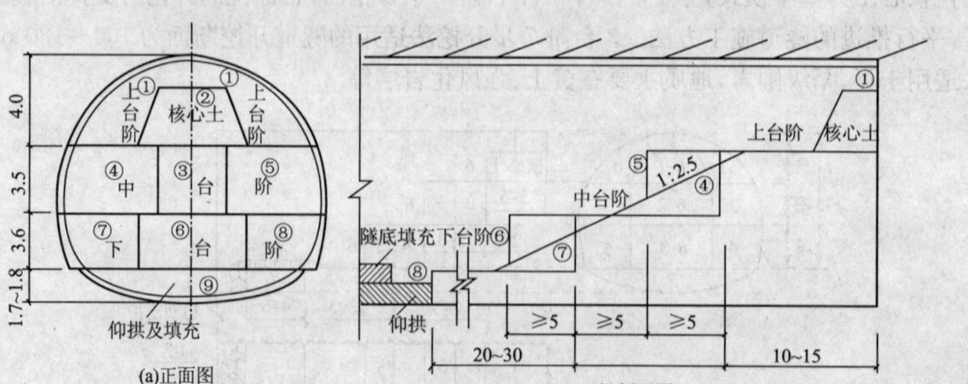

图 4-8　武广客运专线石门岭隧道 3 台阶法开挖正、纵剖面图(单位：m)

(3)临时仰拱封闭台阶法

临时仰拱封闭台阶法是以控制地表和洞内下沉(位移)为目的，在整个断面闭合的过程中对分部开挖断面用临时仰拱闭合的方法。

(二)施工安全要点

(1)采用台阶法开挖隧道时，为了让初期支护尽快封闭成环，应尽量减少上部初期支护和围岩的变形；同时便于上部断面使用挖掘机配合翻渣，减少人工翻渣量，加快施工进度，应根据围岩条件，合理确定台阶长度和高度。围岩稳定性较差时，台阶长度控制在 1 倍洞径。推荐采用短台阶或微台阶。

(2)在地质条件相对较差、开挖工作面不稳定时，采用短进尺或上下台阶错开开挖或预留核心土措施是台阶法开挖中经常采用的技术措施，必要时采用喷射混凝土或玻璃纤维锚杆对开挖工作面进行加固。这些技术措施能有效地降低开挖工作面坍滑，从而避免安全事故的发生。

(3)开挖循环进尺过大，容易引起隧道拱部塌方造成安全事故，这也是隧道塌方最常见的原因。因此，台阶上部开挖循环进尺应根据围岩条件和初期支护钢架间距合理确定，并不得超过 1.5 m。

(4)当围岩地质较差、变形较大时，上部断面开挖后应立即施作锁脚锚管(杆)、扩大拱脚、临时仰拱等措施，控制围岩及初期支护变形量。

【案例】六沾铁路天生坝隧道出口开挖方法不符合设计要求，DK461＋650～DK461＋750段Ⅴ级围岩设计为采用台阶＋临时仰拱的方案，现场上台阶长达 40 m，没有施工临时仰拱。存在极大的安全隐患。

(5)施工经验表明：台阶下部开挖时一次开挖长度过长，造成上台阶初期支护大量下沉，严重时甚至导致初期支护的钢架掉落、作业人员被困洞内的重大安全事故。台阶下部断面一次开挖长度应与上部断面相同，不得超过 1.5 m。

(6)上部钢架长时间悬空，会导致钢架长时间悬空而严重影响安全。因此台阶下部开挖后，必须及时喷射混凝土进行封闭，充分发挥围岩自承力；当设有钢筋时，必须及时安装下部钢架并喷射混凝土，严禁拱脚长时间悬空。

【案例】中铁某局集团公司施工的武汉车站改造工程，由于行包通道地道基坑支护措施不到位，于 2007 年 5 月 5 日 14 时左右，发生土方坍塌事故，将 4 名正在基坑进行钢筋绑扎的民工掩埋，造成 2 人死亡、2 人轻伤。

(7)仰拱开挖应控制一次开挖长度，开挖后应立即施作初期支护，封闭成环。

【案例】2009 年 2 月 17 日上午 10 时 30 分左右，某局施工人员对寨山村隧道进行检查时，出口 DK364＋310～DK364＋303 位置左侧的初期支护混凝土出现裂纹，格栅钢架扭曲变形，隧道发生坍塌；两面检查人员被埋入塌方体，经现场施救，17 日下午 6 时 25 分，被困人员被救出，经抢救无效死亡。

【案例】某黄土隧道 DK345＋884～DK345＋925 段初支变形

(1)事故经过

2007 年 12 月 1 日，隧道进口施工至 DK345＋934，中台阶施工至 DK345＋925 处，发现 DK345＋890、DK345＋900 两个断面中台阶收敛数据突然增大，观察上中台阶连接板位置没发现突变等异常情况，对该段加强监测增加测量频率，对收敛异常地段增设锁脚锚管，格栅拱架中间每 50 cm 施作一根，同时采取注浆和架设各种临时支撑。在随后收敛数据持续增大，并且发现上中台阶连接位置出现一条纵向裂纹，里程 DK345＋886～DK345＋892，裂纹宽度约 2.5 mm，至 12 月 6 日裂缝起止里程发展到 DK345＋884～DK345＋925，裂缝宽度发展到 26 mm，12 月 7 日测量数据显示该段初期支护基本趋于稳定。最终造成 DK345＋855～DK345＋925 段初支变形开裂、喷射混凝土侵限。

(2)事故原因

①地质原因：变形段的土石分界线正好在中台阶底部，该段土石分界线及分界线以上 3 m 左右的土层含水量较大，达到饱和状态，黄土为膨胀性黏土，支护完成后受徐变影响，造成未成环的中台阶初支受膨胀侧压力过大被挤出变形。

②设计支护参数偏弱：DK345＋855 是黄土Ⅴ级和黄Ⅳ级围岩的分界里程，因黄土Ⅳ级围岩为格栅钢架拱部设计没有超前小导管，实际施工中在拱部 120°范围内增设了超前小导管，并且拱架间距设计为 1 m，喷射混凝土厚度相对较薄，其支护强度远小于黄土Ⅴ级 120a 钢拱

架支护。DK345＋855～DK345＋925 段处于下锚段位置，二衬净空半径比正常断面半径大 50 cm。开挖断面达到 153.3 m^2，采用黄土Ⅴ级围岩的支护参数的地段，在喷射混凝土还未达到设计强度的时间段的前期支护刚度较强，累计收敛最大达到 7.6 mm 就已经稳定，没有出现变形过大的现象；但在 DK345＋855 里程往大里程方向，由于采用了黄土Ⅳ级围岩的参数，初支的前期支护刚度相对较弱，该段正处于下锚段大断面施工，所以造成 DK345＋855～DK345＋925 里程段的中台阶收敛很大，最大收敛达到 23.4 mm。

③没有严格按照规范和设计进行施工：拱架间距偏大，设计为 1 m，而实际施工的拱架间距为 1.2～1.3 m。台阶距离太长，下台阶距中台阶达到 110 m，初支仰拱没有及时封闭成环。拱架加工质量较差，拱架的箍筋间距偏大，焊接质量差，使拱架整体受力刚度不够。上中台阶连接板位置没有认真处理：上台阶施工时虚渣、喷射混凝土回弹料没有清理干净造成该处薄弱环节影响受力稳定。

从上述分析可知，造成 DK345＋855～DK345＋925 段初支变形开裂、喷射混凝土侵限的主要原因从主观原因上分析主要是对膨胀性黏土的认识不够，没有严格按照设计和规范进行施工，特别是临时仰拱没有及时跟进，加上该段断面增大后也没有引起足够重视造成的。

三、分部法开挖安全

分部法开挖包括环形开挖预留核心土法、双侧壁导坑法、中洞法、中隔壁法等。

(一)环形开挖留核心土法

环形开挖留核心土法，又称台阶分部开挖法，如图 4-9 和图 4-10 所示。一般将开挖断面分成为环形拱部、上部核心土、下部台阶 3 部分。根据断面的大小，环形拱部又可分成几块交替开挖。环形开挖进尺为 0.5～1.0 m，不宜过长。上部核心土和下部台阶的距离，一般为 1 倍隧道洞跨。

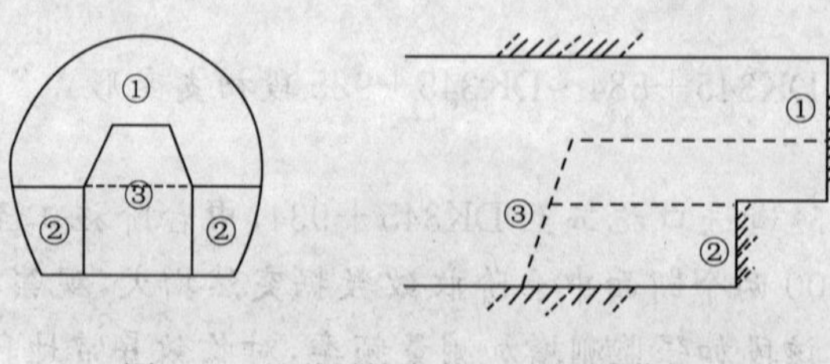

图 4-9　环形开挖留核心土法纵横断面

图 4-10　环形开挖留核心土法三维视图

环形开挖留核心土法适用于单线隧道Ⅳ、Ⅴ、Ⅵ级围岩，或者双线隧道Ⅲ、Ⅳ、Ⅴ、Ⅵ级围岩，或地下水为渗水或股水的情况。此法的施工程序为：用人工或单臂掘进机开挖环形拱部；架立钢支撑，挂钢丝网，喷射混凝土；在拱部初期支护保护下，用挖掘机或单臂掘进机开挖核心土和下部台阶；接长边墙钢支撑，挂网，喷射混凝土，并进行封底；根据围岩和初期支护变形情况或施工安排，施作二次模筑混凝土衬砌。

由于拱部开挖高度较小及地层比较松软，锚杆易失效，所以施工中一般不设置锚杆。

环形开挖留核心土法，因上部留有核心土以支挡开挖工作面，且施工时能迅速及时地施作拱部初期支护，所以开挖工作面稳定性好。核心土和下部台阶开挖都是在拱部初期支护保护下进行的，施工比较安全。它一般在土质及软弱围岩中使用较多，曾在大秦线军都山隧道黄土段及断层带地段、北京地铁复兴门折返线等工程中采用，都取得了良好的效果。

这种方法的主要优点是：拱部长度可加长，能减少上下台阶施工干扰，施工机械化程度较高，能加快施工进度；但当遇到松软围岩时，应结合地层加固措施，对开挖作业面及开挖前方地层予以加固，以确保施工安全。

采用台阶分部开挖时应注意的问题：虽然核心土增强了开挖面的稳定，但开挖中围岩要经受多次扰动，而且断面分块多，支护结构形成全断面封闭的时间长，这些都有可能使围岩变形增大。因此，它常要结合辅助施工措施对开挖工作面及其前方岩体进行预支护或预加固。弧形导坑左右台阶错开开挖支护法（图 4-11 和图 4-12）则是环形开挖留核心土法的变体。

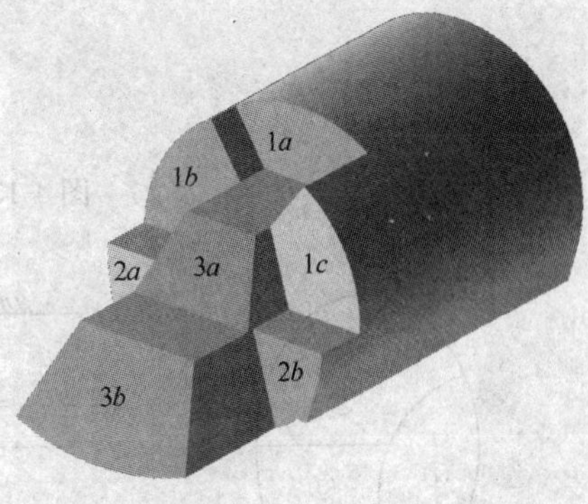

图 4-11　弧形导坑左右台阶错开开挖支护法三维视图

图 4-12　弧形导坑左右台阶错开开挖支护法施工实景

【案例】南广铁路黎塘西至肇庆段某隧道出口，采用台阶施工，核心土提前开挖（图 4-13），存在极大的安全隐患。

（二）单侧壁导坑法

1. 施工安全技术

单侧壁导坑法一般将断面分成 3 块：侧壁导坑、上台阶、下台阶，如图 4-14 所示。侧壁导坑宽度不宜超过隧道洞跨的 1/2，高度以到起拱线为宜。导坑与台阶的距离没有硬性规定，一般以施工互不干扰为原则。由于单侧壁导坑法将断面横向分成 3 块或 4 块，每步开挖的宽度较小，而且封闭型的导坑初期支护承载能力大，所以，单侧壁导坑法适用于断面跨度大，地表沉陷难于控制的软弱松散围岩中。

图 4-13　核心土先开挖留下安全隐患

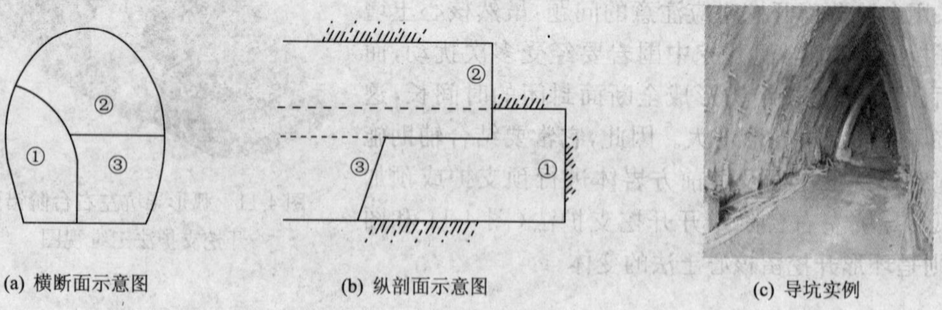

图 4-14　单侧壁导坑法

单侧壁导坑法的施工作业顺序为：

①开挖侧壁导坑，并进行初次支护（锚杆加钢筋网、或锚杆加钢支撑、或钢支撑，喷射混凝土），应尽快使导坑的初次支护闭合；

②开挖上台阶，进行拱部初次支护，使其一侧支撑在导坑的初次支护上，另一侧支撑在下台阶上；

③开挖下台阶，进行另一侧边墙的初次支护，并尽快建造底部初次支护，使全断面闭合；

④拆除导坑临空部分的初次支护；

⑤建造内层衬砌。

2. 施工安全要点

(1)双洞开挖时，后行洞靠先行洞侧的围岩实际上是处于悬空状态，这部分围岩经开挖已扰动过一次，如果后行洞的施工方法不当，可能对围岩造成严重二次扰动，并导致先行洞洞壁破坏。为此应弱爆破、强支护、勤测量。结合具体工程情况，认真分析，精心施工。

(2)开挖时可将临时支撑和拱架都支撑于坑道中间未被开挖的大块核心地层上，在衬砌保护之下最后将此核心挖除，必要时再砌筑仰拱。

(3)侧导坑的宽度较大，又减少施工干扰。除包括边墙以外，还须有通行出土斗车和工人以及砌筑边墙的工作位置，才能使导坑开挖和边墙衬砌作业同时进行。

(4)为了核心部分地层的稳定，也须保持足够的宽度，且其宽度越大，留在最后的开挖量越大，开挖费用就越小。

(5)注意临时支护结构要坚固可靠、及时，必要时用“先撑后挖”方式进行开挖(如插板法等)。

(6)中壁墙的撤除，必须待围岩完全稳定后方可进行。

(7)控制隧道超欠挖，由于拱顶分 2 次开挖，很容易造成拱超欠挖严重，因此必须提高测量精度和钻眼精度，特别是周边眼的精度，为快速衬砌提供条件。

(三)双侧壁导坑法

1. 施工安全技术

双侧壁导坑法，又称眼镜工法，如图 4-15 所示。当隧道跨度很大、地表沉陷要求严格、围岩条件特别差、单侧壁导坑法难以控制围岩变形时，可采用双侧壁导坑法。现场实测表明：双侧壁导坑法所引起的地表沉陷仅为短台阶法的 1/2。

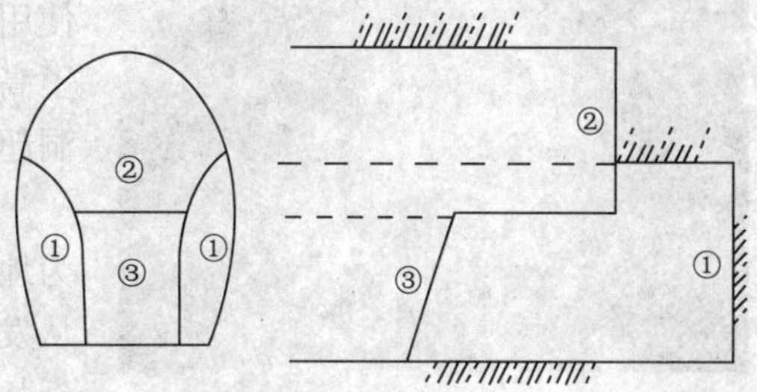

图 4-15　双侧壁导坑法

双侧壁导坑法一般将断面分成 4 块：左、右侧壁导坑、上部核心土、下台阶。导坑尺寸拟订的原则同前，但宽度不宜超过断面最大跨度的 1/3。左、右侧导坑错开的距离，应根据开挖一侧导坑所引起的围岩应力重新分布的影响不致波及另一侧已成导坑的原则确定。

双侧壁导坑法主要适用于围岩较差(单线隧道Ⅴ、Ⅵ级围岩，或双线隧道Ⅳ、Ⅴ、Ⅵ级围岩，或地下水为渗水或股水的情况)、开挖断面很大的大断面隧道，如三线或多线常速铁路隧道、三车道高速公路隧道、高速铁路大断面隧道等。施工如图 4-16 所示。该法工序较复杂，导坑的支护拆除困难，为了稳定开挖工作面，经常和超前预注浆等辅助施工措施配合使用。

图 4-16　双侧壁导坑法施工实例

双侧壁导坑法施工作业顺序为：

开挖一侧导坑，并及时地将其初次支护闭合。相隔适当距离后开挖另一侧导坑，并建造初次支护。开挖上部核心土，建造拱部初次支护，拱脚支撑在两侧壁导坑的初次支护上。开挖下台阶，建造底部的初次支护，使初次支护全断面闭合，拆除导坑临空部分的初次支护。建造内层衬砌。

双侧壁导坑法虽然开挖断面分块多，扰动大，初次支护断面闭合的时间长，但每个分块都是在开挖后立即各自进行闭合的，所以在施工中间变形甚微。

双侧壁导坑法施工安全，但速度较慢，成本较高。

2. 施工安全要点

与单侧壁导坑类似，不再详细叙述。

（四）导洞超前扩挖法

导洞超前扩挖法是指在隧道设计断面内的适当位置先开挖一条导洞，待导洞贯通（称为先通导洞法）或超前一定长度（称为超前导洞法）后，进行地质调查、排水以及围岩改良等作业，再按设计断面进行扩挖、支护和其他作业的一种隧道施工方法，即先由爆破法开挖一个小导坑形成临空面，再使用钻爆法开挖。该法在一些长大隧道施工中已取得了高速度、高质量、高效益的骄人业绩。图 4-17 为小导洞超前施工实景。

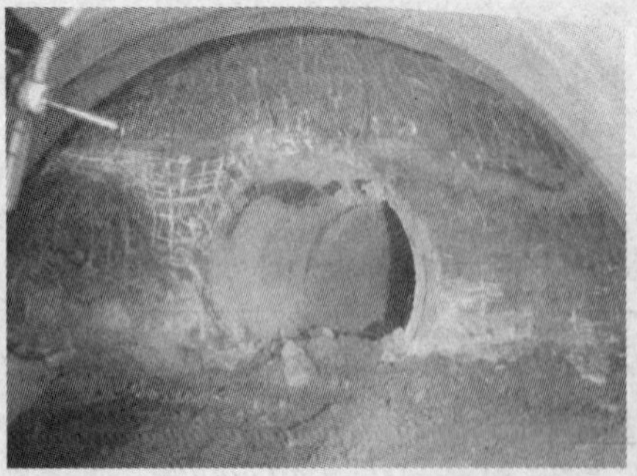

图 4-17 小导洞超前施工实景

导洞超前是为了提高开挖工作面的自稳性，以及为地质预报、排水等目的而实施的。导洞超前的距离，从发挥机械效率出发，可取 10～30 m，当人量涌水时可延长到 100 m。

导洞超前扩挖法的优点有：①开挖工作面稳定性高，辅助工法规模小；②有涌水的场合，导洞可以作为排水坑道；③可从导洞进行围岩补强。其缺点有：①导坑和扩挖交互掘进，施工干扰大；②导洞需要通风；③导洞支护要废除。

施工中，多采用下导洞超前法，如图 4-18 所示。其优点有：①下导洞起到超前地质预报作用；②降低地下水位；③便于大型机械出渣；④临空面大，对围岩扰动小。其适用条件：①单线隧道Ⅲ、Ⅳ级围岩；②双线隧道Ⅱ、Ⅲ级围岩；③地下水状态：有渗水或股水。下导洞超前法的技术指标：①下导洞超前 5～10 m；②下导洞循环进尺2～3 m。

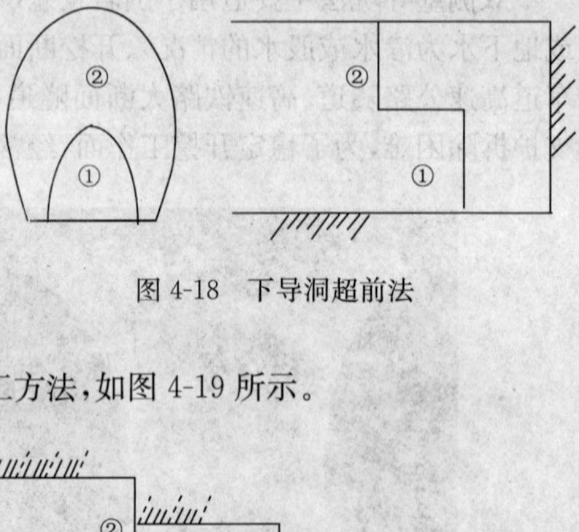

图 4-18 下导洞超前法

（五）中洞法

采用先施作隧道中墙混凝土，后开挖两侧的施工方法，如图 4-19 所示。

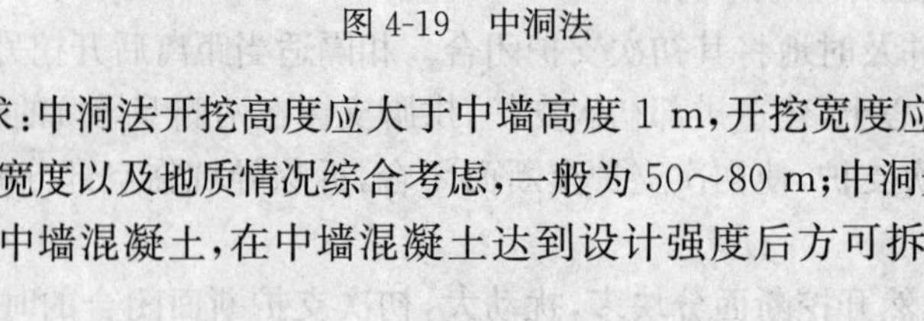

图 4-19 中洞法

中洞法施工要求：中洞法开挖高度应大于中墙高度 1 m，开挖宽度应大于 5 m；中洞开挖长度根据隧道长度、宽度以及地质情况综合考虑，一般为 50～80 m；中洞开挖后应及时施作初期支护，再分段灌注中墙混凝土，在中墙混凝土达到设计强度后方可拆模，并进行临时横向支撑。

中洞法适用于双连拱隧道。图 4-20 是中洞法施工实例。

图 4-20　中洞法施工实例

(六)中隔壁法(CD)

图 4-21　福厦铁路沙溪隧道施工

中隔壁法实际上是分部开挖法和台阶法的结合,所以也称为中隔壁台阶法。当开挖工作面地层自稳能力较差、上台阶开挖后拱脚支撑在未开挖岩体上的自稳时间较短且开挖断面跨度较大时,可采用中隔壁台阶法(通常配合临时仰拱使用)。通过中隔壁的分载作用,可减轻两侧拱脚的压力,降低地表沉陷值,以确保施工安全。图 4-21 是福厦铁路沙溪隧道中隔壁台阶法运用情况。

中隔壁开挖时,应沿一侧自上而下分为 2 或 3 步进行,每开挖一步均应及时施作锚喷支护、安设钢架、施作中隔壁,底部应设临时仰拱,中隔壁墙依次分步连接而成,然后再开挖中隔壁的另一侧,分步次数及支护形式与先开挖的一侧相同,如图 4-22 所示。

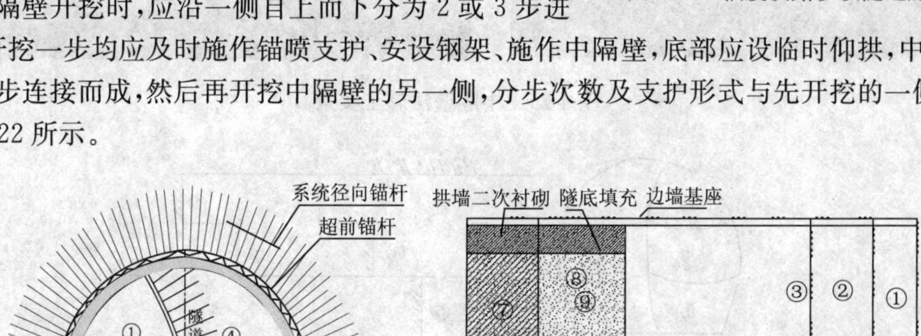

图 4-22　中隔壁法

各部开挖时,周边轮廓尽量圆顺,减小应力集中,各部的底部高程应与钢架接头处一致;每一部的开挖高度约为 3.5 m;后一侧开挖应全断面及时封闭;左右两侧纵向间距一般为 30～50 m;中隔壁设置为弧形或圆弧形。图 4-23 为中隔壁法施工三维视图。

中隔壁法适用于单、双线隧道Ⅴ～Ⅵ级围岩的浅埋隧道、三线隧道。图 4-24 为中隔壁法施工实景。

(七)交叉中隔壁法(CRD)

采用自上而下分为 2～3 步开挖中隔壁的一侧,并及时支护,待完成 1～2 部后,即开始另一侧 1～2 部开挖及支护,形成左右两侧开挖及支护相互交叉的情形,如图 4-25、图 4-26 和图 4-27 所示。

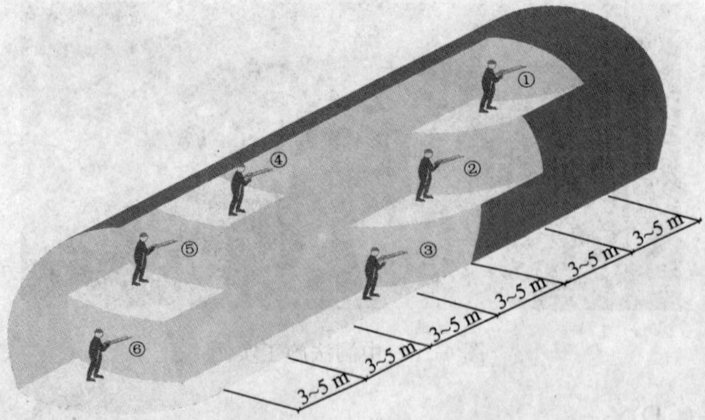

图 4-23 中隔壁法施工三维视图

图 4-24 中隔壁法施工实景

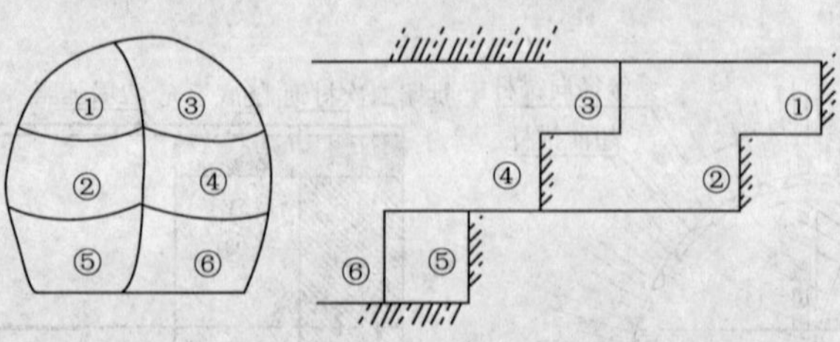

图 4-25 交叉中隔壁法

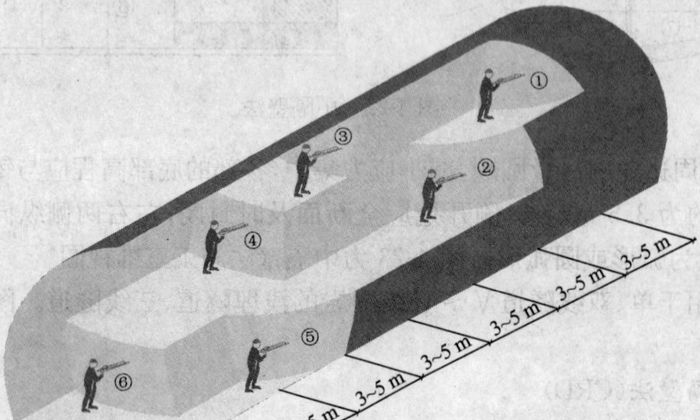

图 4-26 交叉中隔壁法施工三维视图

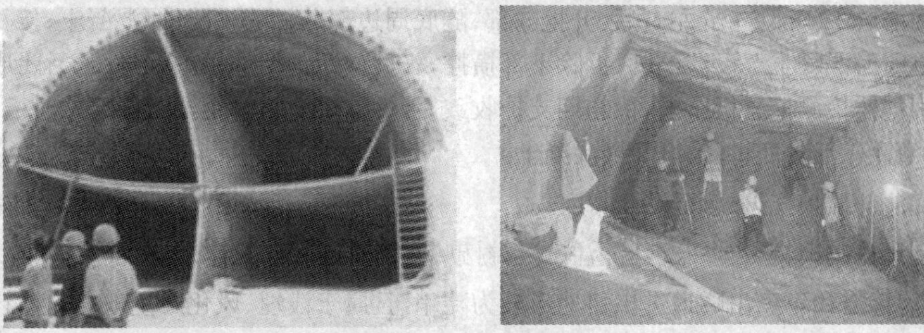

(a) 洞口　　　　(b) 局部施工

图 4-27　交叉中隔壁法施工施工实景

交叉中隔壁法适用于双线、三线隧道Ⅳ、Ⅴ、Ⅵ级围岩、浅埋隧道。

中隔壁法和交叉中隔壁法的区别在于：前者先施工左侧上、下断面，再施工右上、右下断面，后者先施工左上、右上断面，再施工左下、右下断面。前者没有临时仰拱，后者有临时仰拱。

相比于中隔壁法，交叉中隔壁法更适合围岩级别更差的隧道，因为采用 CRD 法施工可以施作临时仰拱，更好的控制围岩收敛，保证施工安全。

全长 4 220 m 的郑西客运专线南山口隧道采用了 CRD 法，其施工工序横断面如图 4-28 所示。

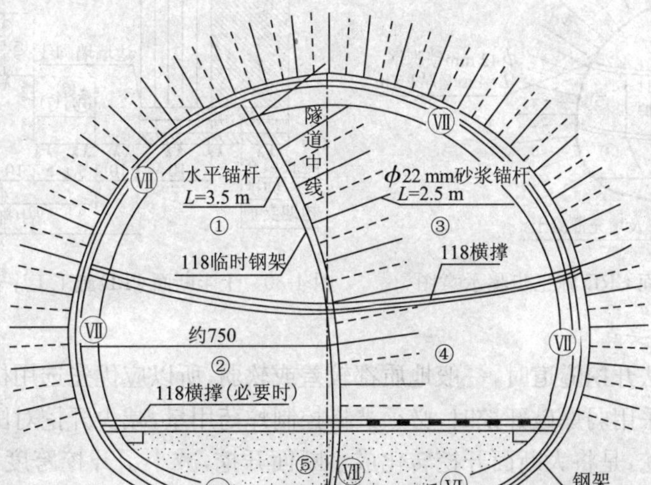

图 4-28　郑西客运专线南山口隧道 CRD 法施工工序示意图(单位：cm)

其施工工序如下：

(1)利用上一循环架立的钢架施作超前支护，机械开挖①部，人工配合整修；必要时喷 5 cm厚混凝土封闭工作面，在①部导坑周边初喷 4 cm 厚混凝土；架立型钢钢架，并设锁脚锚杆，安设 118 横撑；安装径向锚杆后复喷射混凝土至设计厚度。

(2)在滞后于①部 3 m 后，开挖②部，必要时喷 5 cm 厚混凝土封闭工作面，导坑周边部分初喷 4 cm 厚混凝土，接长钢架，安装锁脚锚杆，钻设径向锚杆后复喷射混凝土至设计厚度。

(3)在滞后于①部 24 m 后，开挖③部，并施作导坑周边的初期支护。

(4)在滞后于③部 3 m 后，开挖④部，并施作导坑周边的初期支护。

(5)在滞后于④部 20 m 左右后，开挖⑤部；隧底周边部分初喷 4 cm 厚混凝土；接长 118 临时钢架，复喷射混凝土至设计厚度；拆除下部横撑，安设型钢钢架仰拱单元，使之封闭成环。

(6)根据监控测量分析结果，待初期支护收敛后，拆除 118 临时钢架及上部临时横撑；利用仰拱栈桥灌注Ⅵ部边墙基础与仰拱混凝土。

(7)灌注仰拱填充Ⅶ部至设计高度。

(8)利用衬砌模板台车一次性灌注Ⅷ部衬砌(拱墙衬砌一次施作)。

武广客运专线巴家山隧道进出口地形较为陡峭，且属于浅埋、风化严重地段；进口、出口洞口浅埋段最薄覆盖层分别仅为 2.2 m、3.1 m，隧道中部埋深最大，约为 30 m(隧道通过长度仅有 80 m)，其余地段埋深均在 20 m 以下。隧道具有埋深较浅、偏压、围岩风化程度较严重、工程性质差、总体级别较高的显著特征，开挖断面高度及宽度大(开挖面积 150 m^2 以上)。该隧道采取了 CRD 法和环形开挖预留核心土法相互结合的施工方法，即“上半断面 CRD”法，施工步骤和施工工序如图 4-29、图 4-30 所示。采用此种开挖支护工艺，既能防止初期支护变形异常、保证施工安全，又便于机械化施工。

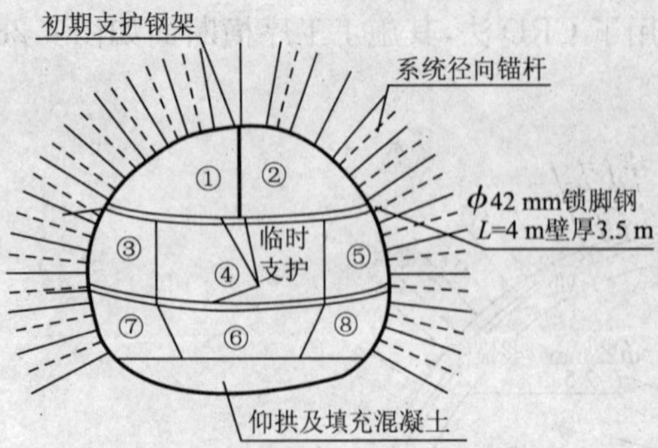

图 4-29　上半断面 CRD 施工步骤示意图

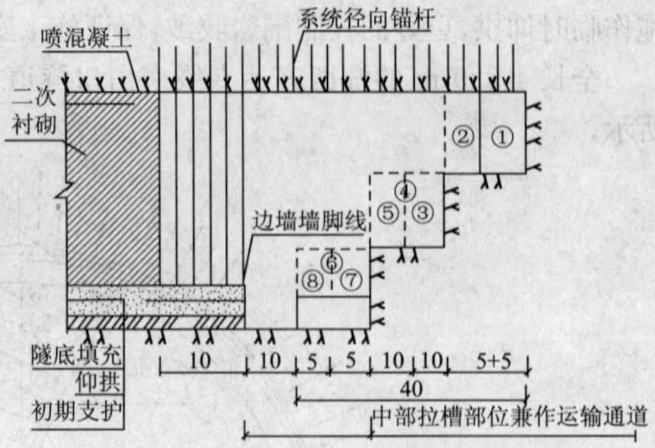

图 4-30　上半断面 CRD 施工工序安排示意图(单位：m)

(八)施工安全要点

(1)采用分部法开挖隧道时，一般地质都较差或软弱，所以应优先选用机械开挖、人工配合的方式，特殊情况采用弱爆破开挖时，必须严格控制炸药用量，减少开挖对围岩的扰动。

(2)分部法开挖，是将大断面开挖转化成小断面开挖，减小了开挖跨度，有利于施工安全。合理确定各部的尺寸，确保各部结构受力合理非常关键，应高度重视。开挖循环进尺过大，容易引起隧道拱部塌方造成安全事故。因此，采用分部法开挖隧道时，应根据地质条件、隧道断面等情况合理进行分部，开挖进尺应控制在 1.0 m 以内。

(3)采用分部法开挖，对于开挖的各部，不仅要及时进行初期支护、封闭成环，而且整个断面也要求尽快封闭成环，以改善整个初期支护结构的受力状况。

(4)采用分部法开挖，各部钢架基脚处应施作脚锚管(杆)或采用扩大拱脚等措施，减少拱脚下沉量。

(5)采用中隔壁法、交叉中隔壁法开挖隧道时，同层左、右两侧沿纵向应错开一定距离，错开距离应控制在 10～15 m 范围内，同侧上、下层开挖工作面相距应保持 3～5 m。

(6)侧壁导坑形状应近似椭圆形，有利于结构更好受力。台阶长度、预留核心土都是采用侧壁导坑法开挖重点关注的问题，否则会产生施工干扰，影响施工质量甚至发生坍塌事故。大量的施工经验表明，采用双侧壁导坑法开挖隧道时，为保证施工安全，应符合下列规定：

①侧壁导坑形状应近似椭圆形，导坑宽度不应大于 0.3 倍隧道宽度；

②侧壁导坑、中槽部位开挖应采用短台阶，台阶长度 3～5 m，必要时应预留核心上；

③侧壁导坑开挖应超前中槽部位 10～15 m。

(7)采用分部法开挖的隧道，有大量的临时支护需要拆除，临时支护拆除过程中，初期支护受力体系将发生转换，为安全起见，必须通过监控测量来指导临时支护的拆除时间、一次能够拆除的长度等。每段拆除长度不得大于 15 m。

四、钻爆作业安全

(一)钻眼安全注意事项

1. 使用风钻的安全注意事项

钻眼前要检查开挖断面的中线、水平，检查导坑位置是否正确，并用红铅油标出炮眼位置，以上均符合要求后方可进行钻眼。

采用风钻钻眼时，应检查机身、螺栓、卡套、弹簧和支架是否正常，管子接头是否牢固、有无漏风情况，钻杆有无不直、损伤以及钎孔堵塞现象，要检查湿式凿岩机的供水情况、干式凿岩机的捕尘设施情况。

使用带支架的风钻钻眼时，应把支架安放稳妥；站在渣堆上操作时应注意石渣是否稳定。在拱部扩大马口部位钻挑顶眼、爬眼、斜插眼及吊眼时，要检查有无松动石块。遗留的残眼不得套打加深。

【案例】盲炮事故

(1)事故经过

1982 年 9 月 30 日，在衡广复线大瑶山隧道上崩塘斜井 668 m 处掌子面施工中，夜班爆破后，开挖面基本整齐，唯左上角有一个残眼，深 1.8 m，眼内有起爆药包和基本药卷，3 个早班的工人，在距残眼 0.15 m 固定钻头时，钻头滑入残眼，误认钻头已固定，即开风钻，当发现风钻异常时，钻头已触及起爆药包，引起爆炸，造成 1 人重伤，7 人轻伤。

(2)事故原因

①未按《铁路隧道施工技术安全规则》规定由原爆破人员按规定处理完瞎炮即下班，又未执行交接班制度，接班人不知有瞎炮，属于违章作业；

②开钻前未按规定检查有无瞎炮和工作面是否处于安全状态，接班者也属于违章作业；

③操作中疏忽大意，使钻杆滑入残眼，致使钻头触及起爆药包，引起爆炸。

应先开水后开风，以减少扬尘。

钻眼过程中应注意：

(1)开门应用短钻杆，其长度在 80 cm 以下；

(2)当钻杆没有找准炮眼位置时，风门不能太大，应在钻头进入炮眼后再完全打开风门；

(3)施钻人员不得把胸部、腹部紧贴风钻手柄，腿部不得抵住风钻卡套弹簧；

(4)钻眼过程中与钻杆应保持在一条直线上，防止钻杆弯曲、掉头或折断；

(5)卡钻时应用扳手拔出、不得敲打，未关风门不得拆除钻杆；

(6)风钻 2 h 要加油一次；

(7)要加强风钻的保养和维修，不得在工作面进行拆卸和维修工作。

使用电钻时，应检查绝缘和电缆的连接情况，施钻人员要戴绝缘手套、穿绝缘鞋，不得用手导引回转的钢钎、不得用电钻处理被卡住的钢钎。

2. 使用钻孔台车的安全要求

轨行式台车的轨道铺设和轮胎式台车的道路要符合说明书的要求。

台车的走行速度不得超过 25 m/min，当接近工作面时应减速慢行，并做好刹车准备，防止撞击工作面；台车走行或待避时，应把钻架和机具都收拢到放置位置。

台车进出洞为保证安全应有专人指挥，不得载人或载物行驶，并认真检查道路，清除障碍物。

台车应在隧道中心线上走行或工作，其左右偏差不宜大于 0.5 m，台车就位后不得倾斜，并应刹住车轮、放下支柱，防止前后移动。

钻爆工应熟悉设计图纸，认真按照炮位设计标定位置精心操作，对钻孔应明确分工，两钻臂不得同时在一竖直面上作业，只能交叉进行，以防止危石砸坏钻臂，要随时注意钻杆的回转情况，掏槽眼定好位置，防止交叉或打穿。

液压凿岩机的拆卸和安装，必须由受过培训的人员担任，每班都应检查拉杆的情况，在固定链条上不得有泥渣或石子，防止链条和链轮的损坏。

在遇到断层和地质不良的情况时，必须指派安全员站在一定的位置上观察险情，台车司机必须坚守驾驶室，且发动机不熄火，遇有险情可以随时撤离。

【案例】2006 年 6 月 6 日，云南省大理州鹤庆县境内的大丽铁路北松坪一号隧道，在施工过程中一辆台车倾倒，造成 3 人死亡，2 人受伤。

(二)洞内爆破作业的安全规定

洞内爆破作业必须统一指挥，并由经过专业培训且持有爆破作业合格证的专职爆破工担任。

进行爆破时，所有人员应撤到不受有害气体、震动和飞石损伤的地点，其安全距离为：

(1)独头巷道不小于 200 m；

(2)相邻的上下导坑内不小于 100 m；

(3)相邻的平行坑道、横通道及横洞间不少于 50 m；

(4)双线上半断面开挖时不少于 400 m；

(5)双线全断面开挖时不少于 500 m；

(6)洞内施工每日放炮次数应有明确规定。

如一座隧道分 2 个开挖口时，两头距离在 200 m 内，爆破时必须提前 1 h 通报，以便另一头作业人员撤离险区。

装药前，应做到以下几点：

(1)应检查爆破工作面附近支护是否牢固，必要时应先进行加固；

(2)炮眼内泥浆、石粉应吹洗干净；刚打好的炮眼因热度很高，不得立即装入炸药；

(3)不得使用已经冻结或分解的炸药装炮；

(4)不得使用梯恩梯、苦味酸、黑色火药等爆破后产生大量有害气体的炸药；

(5)如果遇有照明不足，发现流沙、流泥未经妥善处理，或可能大量溶洞水、高压水涌出的情况时，要严禁装药爆破。

装药点炮，应由爆破组长统一指挥，要严格按爆破设计规定的装药量装药，并按要求堵塞炮泥。

爆破后，必须经过通风排烟，15 min 以后检查人员方可进入工作面检查。检查内容应包括：

(1)有无瞎炮及可疑现象；

(2)有无残余炸药或雷管；

(3)顶板及两帮有无松动石块；

(4)支护有无松动与变形。

如发现有瞎炮时，必须由原装炮人员按规定进行处理；当检查人员经过检查确认危险因素已经排除后，才可撤除警戒，允许施工人员进入工作面作业。

钻眼与装药一般不得平行作业。若用钻孔台车，平行钻眼，而深孔爆破又采取了下列措施时，可以不受限制：

(1)制订出了操作细则，并经有关领导批准；

(2)由值班负责人统一指挥；

(3)装药和钻孔的顺序必须是自上而下地进行；

(4)钻孔与装药应隔开一排孔，其距离不得小于 2.5 m；

(5)装药与钻孔人员必须分区负责且相对固定。

爆破器材的加工应在洞外加工房内进行，加工房应设在僻静的地方，距洞口不得少于 50 m；严禁在洞内设置爆破器材加工房；如隧道掘进较深，须用的爆破器材，由专人从库房内取出送到掌子面；装炮后剩余的雷管、炸药应及时回收到库房存放。

爆破器材加工人员和爆破作业人员，严禁穿化纤衣服进行操作，防止摩擦产生静电火花，导致早爆事故的发生。

(三)钻爆作业安全

1. 钻孔作业应符合下列规定：

(1)钻孔前，必须由专业人员对开挖作业面安全状况和作业人员安全防护进行检查，及时消除各种安全隐患。

(2)钻孔作业过程中，必须采用湿式钻孔；严禁在残孔中继续钻孔，以防止引起残眼中残余炸药的爆炸。

(3)钻孔作业中应注意观察开挖工作面有关无异常漏水、气体喷出、围岩变化等情况。开挖工作面如有上述情况，说明开挖面前方岩层的地质条件有变化，在未采取相应技术手段进行检测和工程措施进行处理前，不得继续施工，防止安全事故发生。

(4)凿岩台车工作前，必须检查泵、空压机等，使其处于正常状态；应检查管路与接头无漏油、漏水和漏气现象，并确认各部操作杆、控制装置及仪表处于正常状态。

(5)凿岩台车行走前，操作司机应查看凿岩台车周围，确认前后左右无人及障碍物后，按照引导人员的指示信号操作；行走时要平稳，避免紧急操作发生意外事故。

(6)凿岩台车钻孔完成后应停放在安全场所。

(7)在围岩地质复杂地段，应对凿岩台车重要部位采取加固措施和设置特殊的防护装置。

2. 装药作业应符合下列规定：

(1)装药作业前，应对钻孔情况逐一检查，并检查开挖工作面的安全状况。

(2)装药时应使用木质炮棍装药，严禁火种；无关人员与机具等应撤至安全地点，作业人员禁止穿戴化纤衣物。

【案例】中铁××局施工的兰渝铁路黑山隧道出口采用弱爆破和人工开挖相结合的方式进行隧道开挖，掌子面局部已完成炮眼钻孔和装药，尚未进行爆破，开挖人员即在掌子面进行人工开挖作业。存在极大的爆炸安全隐患。

(3)使用电雷管时,装药前电灯及电线路应撤离开挖工作面装药时应用投光灯、矿灯照明,开挖工作面不得有杂散电流。

(4)火工品易受高温、震动及火花的影响,导致引爆发生安全事故,所以严禁装药与钻孔作业同时进行,这一点在施工中必须严格执行,不得抱有侥幸。

(5)装药作业完成后,必须及时清理现场、清点火工产品数量,剩余的炸药和雷管必须由领取炸药、雷管的人员退回库房。火工品的领用、管理、清点、退还必须有专人全过程负责,防止火工品的意外流失。

【案例】广珠铁路某隧道私设火工品临时存放点,无法保证火工品的有限管理,存在极大安全隐患,如图 4-31 所示。

图 4-31 私设火工品临时存放点

3. 爆破作业除了应符合现行国家标准《爆破安全规程》(GB 6722)有关规定外,还应符合下列规定:

(1)洞内爆破作业时,指挥人员应指挥所有人员、设备撤离至安全地点。

【案例】炸药意外起爆引起爆炸事故

(1)事故经过

在公路隧道施工中,隧道装药结束,现场当班施工员通知全部作业人员撤出现场,同时安全员开始现场爆破警戒准备工作。随后大部分施工人员陆续撤离,掌子面仅剩 2 人(事后死者)做最后检查工作,2 人检查完掌子面相应工作后开始撤离现场,当班爆破员也开始在做爆破前连线的准备工作,当最后 2 人撤离至掌子面约 5 m 时掌子面突然发生爆炸。

(2)事故原因

起爆器在连接过程中因产生静电的影响,且下雨导致接线头产生闪击,引起提前爆破,是本次事故的直接原因。

在现场作业中,放炮员在作业人员未撤离危险区域时,就将爆破母线与起爆器连接,起爆器连线工作时间过早,致使存在提前起爆隐患,是本次事故的主要原因。

(3)事故教训和措施

①在加工和运输过程中,不得使雷管受震动或冲击,不得折断电雷管脚线或损坏脚线绝缘;雷管插入药包前,必须用铜、铝或木制锥子在药包端部中心扎眼。从成束的电雷管中抽取单个电雷管时,不得手拉脚线硬拽管体,也不得手拉管体硬拽脚线,应将成束的电雷管脚线顺好,拉住前端脚线将管体拉出。

②用电雷管起爆法起爆时,只准用绝缘良好的专用导线做爆破母线和连接线,连接爆破线路,只准由爆破地点向起爆地点逐段连接,每个接头都必须包扎绝缘或悬空。

③严禁雷管、爆破线路靠近机电设备、电缆、电线、信号线及接触轨道、管路、钢丝绳等导电体,严禁用轨道、管路、水或大地做导电回路。

④在准备给电以前,雷管、母线、连接线必须处于短路状态,并应详细检查爆破线路;起爆器爆破箱钥匙只能由放炮工随身携带和使用;露天爆破如突然遇到雷雨,应将连接线短路,人员迅速离开危险区域。

⑤爆破时，必须事先在危险区边界外及通道上设置警戒岗哨和放炮标志，并及时撤出无关人员，转移保护好设备、材料、工具等，才能将起爆雷管与放炮母线连接。起爆前，必须预先发出音响、视觉信号，并采取组织措施，使在危险区的人员全部撤到安全地区后，才可发出起爆信号，起爆母线才能和起爆器连接。发出起爆信号后，至少再等 5 s 才可起爆。爆破后，须经检查确认安全，才能解除爆破警戒。

⑥处理瞎炮（包括残爆）必须在班、组长直接指导下进行，并应在当班处理完毕；如当班未能处理完毕，放炮工必须向下一班放炮工当面交清现场情况。

(2)警戒人员负责警戒工作，设置警示标志。

(3)爆破时，爆破工应随身携带带有绝缘装置的手电筒。

(4)洞内爆破后必须经充分通排烟，15 min 后安全检查人员方可进入开挖工作面，主要检查有无盲炮、有无残余炸药及雷管、顶板及两帮有无松动的岩块、支护有无变形或开裂等。当发现盲炮、残余炸药及雷管时，必须由原爆破人员按规定处理。

【案例】广西壮族自治区洛湛铁路大桂山隧道爆炸事故

2006 年 12 月 10 日白天，在广西壮族自治区洛湛铁路大桂山隧道，施工人员将领出的、尚未使用的约 140 kg 炸药留在了隧道。夜班作业人员喷锚支护中焊挂作业，电焊火花引发了雷管和炸药爆炸。事故造成 6 人死亡，1 人受伤。

【案例】周仓岭隧道进口爆破作业存在严重安全隐患

(1)事件经过

2007 年 8 月 16 日下午 14 时 30 分，温福监理联合体外方监理工程师大卫 · 弗隆(David-Furlong)抵周仓岭隧道进口进行工地巡视。进洞前，外方监理在询问过现场技术员张贵桥及进洞后到达距掌子面约 100 m 左右，又 2 次分别向两边正在处理欠挖作业的工人询问后，得知掌子面开挖爆破工作已经完毕，正在进行出渣作业，可以进入到洞内进行检查。该技术人员骑摩托车尾随其后陪同检查。当时洞内工人正在作业，且运输车辆在正常行驶。当外方监理人员行至距离掌子面约 50 m，因烟雾太大，担心影响行车安全，无法对掌子面进行检查，随后外方监理与现场技术员张贵桥返回到二衬施工段。当准备对该段的初支及防水板进行检查时，约 14 时 40 分，因爆破产生的两声巨响从掌子面方向传来。爆破作业是在事先没有任何警告、未设立警戒线、未设立警戒区、现场没有安全员值班、没有任何安全人员监管的情况下进行的，严重威胁了施工人员的生命安全。现场文明施工极差，洞内空气质量差，积水，照明亮度不足，且初支平整度不符合规定。

(2)存在主要问题

①现场爆破作业严重违反了《铁路工程施工安全技术规程》(TB 10401.1—2003)第 3.6 节及第 5.2.3 条有关“爆破作业”的规定，未按规定做好有关防护工作：

(a)起爆前无安全人员监督和统一指挥；

(b)未按规定设置警戒区或警戒线，现场无警戒人员；

(c)照明亮度不足时，严禁装药爆破；

(d)现场火工品及爆破作业严重失管，安全自控体系局部失控。

②现场初支平整度等工序质量不符要求，文明施工措施未予落实。

③在“施工安全大检查大整治活动”期间发生该严重安全问题，暴露出该局项目部活动开展不深入，现场自控体系局部运行不正常。

第三节 钻爆作业安全

一、隧道爆破的特点

爆破开挖是以钻孔、爆破工序为主，配以装运机械出渣而完成隧道施工的方法，是建设隧道的主要工序，它的成败与好坏直接影响到围岩的稳定及后续工序的正常进行和施工速度，是隧道建设非常重要的组成部分。隧道爆破一般采用小孔径的钻眼爆破，其钻眼、装药、堵塞、爆破等施工操作具有以下特点：

(1)由于滴水、潮湿空气、照明、通风和洞内气温、噪声、粉尘等的影响，钻眼爆破作业条件差，加之它与支护、出渣运输等工作交替进行，致使爆破工作面受到限制，增加了爆破的施工难度。因而必须采用合理的爆破施工，以保证爆破循环的正常进行。

(2)爆破的临空面少，岩石的夹制作用大，耗药量大，不能充分发挥爆破效果。

(3)对钻眼爆破质量要求较高。既要使隧道方向正确，满足精度要求，又要使爆破后隧道断面达到设计标准，不能超挖过大。爆破时要预防飞石崩坏支架、风管、水管、电线等，爆落岩石块度要均匀，便于装渣运输。

(4)铁路隧道的断面一般比较大，造价昂贵，服务年限长，且维修和养护时常须中断、停止隧道的使用，这对运营是很不利的，因此在施工中必须确保良好的工程质量。

(5)随着以新奥法为理论基础设计的隧道越来越多，为充分利用围岩自承力，要求施工中尽量减少爆破对围岩的扰动，确保围岩完整。

(6)隧道爆破的施工方法、施工机具和设备的选择主要取决于开挖断面的大小和隧道所处的山体位置。此外，变化复杂的围岩及围岩的结构、强度、松动程度、耐风化性、初始地应力方向、隧道的跨度和地下水活动情况对其也有较大的影响。

(7)钻眼是隧道爆破的关键工序，只有保证钻孔设计的位置和深度准确，才能达到设计开挖的进尺。

二、隧道爆破的设计

岩石隧道开挖前，应根据工程地质条件、开挖断面、开挖方法、掘进循环进尺、钻眼机具和爆破器材等做好钻爆设计，合理地确定炮眼布置、数目、深度和角度、装药量和装药结构、起爆方法、起爆顺序，安排好循环作业等，以正确指导钻爆施工，达到预期的效果。

(一)炮眼的种类及作用

隧道开挖爆破的炮眼数目与隧道断面的大小有关，多在几十至数百范围内。炮眼按其所在位置、爆破作用、布置方式和有关参数的不同可分为如下几种。

1. 掏槽眼

针对隧道开挖爆破只有一个临空面的特点，为提高爆破效果，宜先在开挖断面的适当位置(一般在中央偏下部)布置几个装药量较多的炮眼。其作用是先在开挖面上炸出一个槽腔，为后续炮眼的爆破创造新的临空面。

2. 辅助眼

位于掏槽眼与周边眼之间的炮眼称为辅助眼。其作用是扩大掏槽眼炸出的槽腔，为周边眼爆破创造临空面。

3. 周边眼

沿隧道周边布置的炮眼称为周边眼。其作用是炸出较平整的隧道断面轮廓。按其所在位置的不同,又可分为帮眼、顶眼、底眼。

爆破的关键是掏槽眼和周边眼的爆破。掏槽眼为辅助眼和周边眼的爆破创造了有利条件,直接影响循环进尺和掘进效果;周边眼关系到隧道开挖边界的超欠挖和围岩的稳定。

(二)掏槽形式与参数

掏槽效果的好坏直接影响整个隧道爆破的成败。根据掏槽眼与开挖面的关系、掏槽眼的布置方式、掏槽深度以及装药起爆顺序的不同,可将掏槽方式分为如下几类。

1. 斜眼掏槽

斜眼掏槽的特点是掏槽眼与开挖断面斜交。它的种类很多,如锥形掏槽、爬眼掏槽、各种楔形掏槽、单斜式掏槽等。隧道爆破中常用的是垂直楔形掏槽和锥形掏槽。

(1)垂直楔形掏槽

掏槽眼水平成对布置,爆破后将炸出楔形槽口。炮眼与开挖面间的夹角 α、上下 2 对炮眼的间距 a 和同一平面上一对掏槽眼眼底的距离 b,是影响此种掏槽爆破效果的重要因素,这些参数随围岩类别的不同而有所不同。

(2)锥形掏槽

这种炮眼呈角锥形布置,各掏槽眼以相等或近似相等的角度向工作面中心轴线倾斜,眼底趋于集中,但互相并不贯通,爆破后形成锥形槽。根据掏槽炮眼数目的不同分为三角锥、四角锥、五角锥等。

斜眼掏槽具有操作简单、精度要求较直眼掏槽低、能按岩层的实际情况选择掏槽方式和掏槽角度、易把岩石抛出、掏槽眼的数量少且炸药耗量低等优点;但是,炮眼深度易受开挖断面尺寸的限制,不易提高循环进尺,也不便于多台凿岩机同时作业。

2. 直眼掏槽

直眼掏槽由若干个垂直于开挖面的炮眼所组成,掏槽深度不受围岩软硬和开挖断面大小的限制,可以实现多台钻机同时作业、深眼爆破和钻眼机械化,从而为提高掘进速度提供了有利条件。由于直眼掏槽凿岩作业较方便,不须随循环进尺的改变而变化掏槽形式,仅须改变炮眼的深度,且石渣的抛掷距离也可缩短,受到现场欢迎;但直眼掏槽的炮眼数目和单位用药量较多,对眼距、装药等有严格要求,往往由于设计或施工不当,使槽内的岩石不易抛出或重新固结而降低炮眼利用率。

(1)直眼掏槽形式

直眼掏槽形式很多,过去常用的有龟裂掏槽、五眼梅花掏槽和螺旋掏槽。近年来,由于重型凿岩机械的使用,尤其是能钻大于 100 mm 直径炮孔的液压钻机投入施工以后,直眼掏槽的布置形式有了新发展,目前常用的形式有以下几种。

①柱状掏槽。它是充分利用大直径空眼作为临空孔和岩石破碎后的膨胀空间,使爆破后能形成柱状槽口的掏槽爆破。作为临空孔的空眼数目,视炮眼深度而定。一般当孔眼深度小于 3.0 m 时,采用 1 个;当孔眼深度为 3.0～3.5 m 时,采用双临空孔;当孔眼深度为 3.5～5.15 m 时,采用 3 个。试验表明:第一个起爆装药孔离开临空孔的距离应不大于 1.5 倍的临空孔直径。

②螺旋形掏槽。螺旋形掏槽由柱状掏槽发展而来,其特点是中心眼为空眼,邻近空眼的各装药眼至空眼之间的距离逐渐加大,其连线呈螺旋形状。

(2)影响直眼掏槽效果的因素

直眼掏槽以空眼作为增加的临空面，利用炸药爆炸的能量将槽内岩石破碎，并借助爆破产生气体的余能将已破碎的岩石从槽腔内抛出。在直眼掏槽中，应注意以下几点。

①眼距。空眼与装药眼之间的距离。当用等直径炮孔时，此距离一般随岩性不同而变动，变动范围为炮眼直径的 2～4 倍；当采用大直径空眼时，眼距不宜超过空眼直径的 2 倍。由于掏槽效果对眼距变化很敏感，往往眼距稍大就会造成掏槽失败或效果降低，而眼距过小不仅钻眼困难，还容易发生槽内岩石被挤实现象。

②空眼。空眼不仅起着自由面和破碎岩石发展的导向作用，同时为槽内岩石破碎提供一个膨胀的空间。所以，增加空眼数目能获得良好的效果，一般随眼深加大空眼数也相应增多。

③装药。直眼掏槽一般都是过量装药，装药长度占全眼长的 70%～90%，如果装药长度不够，易发生“挂门帘”和“留门坎”现象。当眼深大于 2.5 m 时，易产生沟槽效应，应采取相应措施防止爆轰中断。

④辅助抛掷。直眼掏槽的关键是把槽内已破碎岩石抛出槽腔，当炮眼较深时仅利用爆炸产生气体的余能抛出岩石是很难达到预计的掏槽效果的，所以当眼深在 2.0 m 以上时，可采用辅助抛掷措施。一般是将空眼加深 100～200 mm，并在眼底放一卷炸药，在掏槽眼全部起爆后接着起爆。

⑤钻眼质量。要保证钻眼的准确性，使各炮眼之间保持等距、平行是极为重要的。如果两眼钻穿，易造成爆破产生气体过早损失，降低槽内岩石抛出率或使岩石再生；如果距离过大或钻眼偏斜，易发生单个炮眼直径扩大或单个炮眼爆炸，炮眼间的岩石不易崩落。

3. 混合掏槽

混合掏槽是指 2 种以上掏槽方式的混合使用，一般在岩石特别坚硬或隧道开挖断面较大时使用。

(1)复式掏槽

严格地说，复式掏槽也属于斜眼掏槽，它是在浅眼楔形掏槽的基础上发展起来的。在大断面隧道掘进中，为加大掏槽深度，可采用 2 层、3 层或 4 层楔形掏槽眼，每对掏槽眼呈完全对称或近似对称，深度由浅到深，与工作面的夹角由小到大。复式掏槽也称为多重楔形掏槽或 V 形掏槽。复式掏槽的爆破角(掏槽眼与工作面的夹角)与掏槽眼深度的相互关系，应使从每个眼底所做的垂线恰好落在开挖断面两壁与开挖面相交的临空面上；最深掏槽眼眼底的垂线也必须落在隧道内，即与已爆出的工作面相交；在每一掏槽眼眼底所做的垂线必须与隧道壁面相交。复式掏槽根据开挖断面的大小及进尺常分为 2 级复式掏槽和 3 级复式掏槽。复式掏槽在一般情况下，上、下排距为 50～90 cm，硬岩取小值，软岩取大值。在硬岩中爆破时，最好使用高威力炸药，一般布置上、下 2 排即可；岩石十分坚硬时，可用 3 排或 4 排。炮眼深度小于 2.5 m时，一般用 2 级复式掏槽。

(2)升级掏槽

升级掏槽是采用逐级加深的炮眼布置，按掘进方向平行钻孔，把全部掏槽深度分阶段达到爆破的目的。升级掏槽将常用掏槽方法在爆破技术上的优点和直眼掏槽在钻眼技术上的优点结合起来，因此，其适应能力强，可对各种不同的条件和岩石状况采用不同的方法加以处理，掏槽深度可以根据炮眼的级数来确定。实践表明，用这种方法进行爆破是很有成效的。

(3)分段掏槽

为克服深眼爆破中装药底部仅产生挤压破碎作用和弱抛掷，可将掏槽炮眼分次起爆，这样有利于槽腔形成，提高掏槽腔的有效深度，便于机械化作业。实践表明，对于斜眼分段掏槽，循环进尺可达隧道开挖宽度的 76%，炮眼利用率可在 95%以上。

除此之外，其他混合掏槽还有角锥与直眼、楔形与直眼等形式组合。这些混合掏槽形式一般用在比较坚硬的岩石中。

（三）隧道爆破的参数设计

1. 炮眼直径

炮眼直径对凿岩生产率、炮眼数目、单位耗药量和洞壁的平整程度均有影响。加大炮眼直径以及相应装药量可使炸药能量相对集中，爆炸效果得以改善；但炮眼直径过大将导致凿岩速度显著下降，并影响岩石破碎质量、洞壁平整程度和围岩稳定性。因此，必须根据岩性、凿岩设备和工具、炸药性能等综合分析，合理选用孔径。一般隧道的炮眼直径在 32～50 mm，药卷与眼壁之间的间隙一般为炮眼直径的 10%～15%。

2. 炮眼数量

炮眼数量主要与开挖断面、炮眼直径、岩石性质和炸药性能有关，炮眼的多少直接影响凿岩工作量。炮眼数量应能装入设计的炸药量，通常可根据各炮眼平均分配炸药量的原则来计算。

3. 炮眼深度

炮眼深度是指炮眼底至开挖面的垂直距离。合适的炮眼深度有助于提高掘进速度和炮眼利用率。随着凿岩、装渣运输设备的改进，目前普遍存在加长炮眼深度以减少作业循环次数的趋势。炮眼深度一般根据下列因素确定：

(1)围岩的稳定性，避免过大的超欠挖；

(2)凿岩机的允许钻眼长度、操作技术条件和钻眼技术水平；

(3)掘进循环安排，保证充分利用作业时间。

所确定的炮眼深度还应与装渣运输能力相适应，使每个作业班能完成整数个循环，而且使掘进每米隧道消耗的时间最少，炮眼利用率最高。目前较多采用的炮眼深度为浅孔 1.2～1.8 m，中深孔 2.5～3.5 m，深孔 3.5～5.15 m。

限于篇幅，炮眼深度计算请参考相关技术手册，此处不再介绍。

4. 装药量的计算及分配

炮眼装药量的多少是影响爆破效果的重要因素。药量不足，会出现炸不开、炮眼利用率低和石渣块度过大；装药量过多，则会破坏围岩稳定、崩坏支撑和机械设备，使抛渣过散，对装渣不利，且增加了洞内有害气体，相应地增加了排烟时间和供风量等。合理的药量应根据所使用的炸药的性能和质量、地质条件、开挖断面尺寸、临空面数目、炮眼直径和深度及爆破的质量要求来确定。目前多采取以下方法计算装药量：先用体积公式计算出一个循环的总用药量，然后按各种类型炮眼的爆破特性进行分配，再在爆破实践中加以检验和修正，直到取得良好的爆破效果为止。

限于篇幅，装药量的计算及分配计算请参考相关技术手册，此处不再介绍。

（四）炮眼的布置

隧道内布置炮眼时，必须保证获得良好的爆破效果，并考虑钻眼的效率。在开挖面上除出现土石互层、围岩类别不同、节理异常等特殊情况外，应按实际需要布置炮眼。炮眼一般按下述原则布置：

(1)先布置掏槽眼，其次是周边眼，最后是辅助眼。掏槽眼一般应布置在开挖面中央偏下部位。为爆出平整的开挖面，除掏槽眼和底部炮眼外，所有掘进眼眼底应落在同一平面上。通常掏槽眼与底部炮眼深度相同，比其他炮眼深 10～20 cm。

(2)周边眼应严格按照设计位置布置。断面拐角处应布置炮眼。为满足机械钻眼需要和减少超欠挖，周边眼设计位置应考虑 0.03～0.05 的外插斜率，并应使前后 2 排炮眼的衔接台阶高度(即锯齿形的齿高)最小。此高度一般要求为 10 cm，最大也不应超过 15 cm。

(3)辅助眼的布置主要是解决炮眼间距和最小抵抗线的问题，这可以由施工经验决定，一般抵抗线 W 为炮眼间距的 60%～80%，并在整个断面上均匀排列。当采用 2 号岩石铵梯炸药时，W 值一般取 0.6～0.8 m。

(4)当炮眼的深度超过 2.5 m 时，靠近周边眼的内圈辅助眼应与周边眼有相同的倾角。

(5)当岩层层理明显时，炮眼方向应尽量垂直于层理面。如节理发育，炮眼应尽量避开节理，以防卡钻和影响爆破效果。

隧道开挖面的炮眼，在遵守上述原则的基础上，可以有以下几种布置方式：

(1)直线形布眼。将炮眼按垂直方向或水平方向围绕掏槽开口呈直线形逐层排列。这种布眼方式，形式简单且易掌握，同排炮眼的最小抵抗线一致，间距一致，前排眼为后排眼创造临空面，爆破效果较好。

(2)多边形布眼。这种布眼是围绕着掏槽部位由里向外将炮眼逐层布置成正方形、长方形、多边形等。

(3)弧形布眼。顺着拱部轮廓线逐圈布置炮眼。此外，还可将开挖面上部布置成弧形，下部布置成直线形，以构成混合型布置。

(4)圆形布孔。当开挖面为圆形时，炮孔围绕断面中心逐层布置成圆形。这种布孔方式多用在圆形隧道、泄水洞以及圆形竖井的开挖中。

三、周边眼的控制爆破安全技术

在隧道爆破施工中，首要的要求是开挖轮廓与尺寸准确，对围岩扰动小。所以，周边眼的爆破效果反映了整个隧道爆破的成洞质量。实践表明：采用普通爆破方法不仅对围岩扰动大，而且难以炸出理想的开挖轮廓，故目前采用控制爆破技术进行爆破。隧道控制爆破主要是指隧道的光面爆破和预裂爆破。

(一)隧道的光面爆破

1. 隧道光面爆破的特点与标准

光面爆破是通过正确确定爆破参数和施工方法，在设计断面内的岩体爆破崩落后才爆周边孔，使爆破后的围岩断面轮廓整齐，最大限度地减轻爆破对围岩的扰动和破坏，尽可能地保持原岩的完整性和稳定性的爆破技术。其主要标准为：开挖轮廓成形规则，岩面平整；围岩壁上保存有 50%以上的半面炮眼痕迹，无明显的爆破裂缝；超欠挖符合规定要求，围岩壁上无危石等。

光面爆破对围岩扰动小，又尽可能保存了围岩自身原有的承载能力，从而改善了衬砌结构的受力状况；由于围岩壁面平整，减少了应力集中和局部落石现象，增加了施工安全度，减少了超挖和回填量，若与锚喷支护相结合，能节省大量混凝土，降低工程造价，加快施工进度；光面爆破可减轻振动和保护围岩，所以它是在松软及不均质的地质岩体中较为有效的开挖爆破方法。

要强调的是，即便是光面爆破，仍有落石的可能，因此，施工人员依然要警惕坍塌落石，戴好安全帽，仔细检查危岩及其他不安全因素。

【案例】隧道坍塌落石伤亡事故

(1)事故经过

某地铁隧道掌子面在19:00时打完炮眼，进行装药，19:40时炮响后进行通风、找顶、出渣、第二次找顶处理。立拱开始后，22:05时左右，邝××（劳务协作单位职工）在用风镐凿除拟安设拱架部位欠挖岩石后，正在清渣。突然一块重约200 kg边长约60 cm正三角形岩石从拱顶掉落，砸在邝××的安全帽上，被击成头颅脑外伤。火速送医院全力抢救无效死亡。

(2)事故原因

①直接原因

(a)围岩节理瞬间变化时，未出现散碎小石落下的预警现象和渗水或渗混水预兆。

(b)开工以来本标段相同地质条件，从未发生类似落石现象。此次落石的发生，无论是落石的大小和部位，均使工作面施工人员感觉突然和难以预测。

(c)爆破后顶部围岩表面光洁，成形良好，无岩石裂纹，通过二次找顶也未发现异常，致使现场负责人员警惕性减弱，造成对作业场所安全观察和经验检测不仔细、不及时。

②间接原因

(a)项目部对安全生产工作重视程度不够，有规章制度，但落实管理不到位。

(b)隧道掌子面施工安全工作没有细化，重要危险工序段的安全检查、安全监控没有落实到人头。

(c)对职工的安全教育力度不够，特别是岗前安全培训和教育走形式、走过场，造成职工的安全防范意识不强。

2. 隧道光面爆破的主要参数

光面爆破的成功与否主要取决于爆破参数的确定。其主要参数包括：周边炮眼的间距、光面爆破层的厚度、周边眼密集系数和装药集中度等。影响光面爆破参数选择的因素很多，主要有岩石的爆破性能、炸药品种、一次爆破的断面大小、断面形状、凿岩设备等，其中影响最大的是地质条件。光面爆破参数的选择，通常采取简单的计算并结合工程类比加以确定，在初步确定后，一般都要在现场爆破实践中加以修正改善。

限于篇幅，隧道光面爆破的主要参数计算请参考相关技术手册，此处不再介绍。

3. 隧道光面爆破的技术措施

为了获得良好的光面爆破效果，可采取以下技术措施：

(1)使用低爆速、低猛度、低密度、传爆性能好、爆炸威力大的炸药。

(2)采用不耦合装药结构。光面爆破的不耦合系数最好大于2，但药卷直径不应小于该炸药的临界直径，以保证稳定传爆。当采用间隔装药时，相邻炮眼所用的药卷位置应错开，以充分利用炸药效能。

(3)严格掌握与周边眼相邻的内圈炮眼的爆破效果，为周边眼爆破创造临空面。周边眼应做到同时起爆。

(4)严格控制装药集中度，必要时可采取间隔装药结构。为克服岩石的夹制作用，通常须在眼底加强装药。

(二)隧道预裂爆破

预裂爆破是由于首先起爆周边眼，在其他炮眼未爆破之前先沿着开挖轮廓线预裂爆破出一条用以反射爆破地震应力波的裂缝而得名。预裂爆破的爆破目的同光面爆破一样，只是在炮眼的爆破顺序上，光面爆破是先引爆掏槽眼，再引爆辅助眼，最后引爆周边眼；而预裂爆破则是首先引爆周边眼，使沿周边眼的连心线炸出平顺的预裂面。由于这个预裂面的存在，对后爆的掏槽眼、辅助眼的爆轰波能起反射和缓冲作用，可以减轻爆轰波对围岩的破坏影响，保持岩体的完整性，使爆破后的开挖面整齐规则。

由于成洞过程和破岩条件不同，在减轻对围岩的扰动程度上，预裂爆破较光面爆破的效果更好一些。所以，预裂爆破很适用稳定性较差而又要求控制开挖轮廓的软弱围岩；但预裂爆破的周边眼距和最小抵抗线都要比光面爆破的小，相应地要增多炮眼数量，钻眼工作量增大。

理想的预裂效果应保证在炮眼连线上产生贯通裂缝，形成光滑的岩壁；但预裂爆破受到只有一个临空面条件的制约，因此，其爆破技术较光面爆破更为复杂。影响预裂爆破效果的因素很多，如钻孔直径、孔距、装药量、岩石的物理力学性质、地质构造、炸药品种、装药结构及施工因素等，而这些因素又相互影响。确定预裂爆破参数的方法主要有理论计算法、经验公式计算法和经验类比法 3 种。就目前的状况来说，对预裂爆破的理论研究还很欠缺，设计计算方法也不很完善，大多须通过经验类比初步确定爆破参数，再由现场试验调整，才能获得满意的结果。

四、钻爆施工安全技术

钻爆施工是把钻爆设计付诸实施的重要环节，包括钻孔、装药、堵塞和爆破后可能出现的问题处理等。隧道爆破通常都要求每一循环进尺尽可能大；但在很多情况下，往往会碰到由于过高估计爆破效果而带来的一些困难，因此在施工设计中，不但要了解实际掘进速度的可能性，而且还要研究开挖方法。

（一）开挖方法

隧道施工方法的选用，应根据工程地质条件和水文地质资料，结合断面大小、支护类型、隧道长度、工期要求等因素综合研究确定。当采用钻爆法施工时，一般可选用全断面开挖法、台阶法和导坑法等。

铁路隧道的高度一般在 8 m 左右，从施工速度考虑，在岩层完整、岩石较坚硬时，以采用全断面爆破掘进为宜。这种方法施工场地宽敞、工作面空间大，能充分发挥机械效能，适合于大型机械作业；工序少，便于施工管理和施工组织；开挖断面大且一次成形，有利于围岩稳定和深孔爆破。在衡广复线大瑶山双线隧道中最深钻孔达 5.15 m，爆破循环进尺可达 4～5 m。但该法要求机械化程度较高，各工序须紧密配合。遇到节理比较发育的岩石和断层破裂带时，开挖必须与支护工作配合，一次爆破循环进尺可达 1.2～1.8 m。

【案例】某隧道塌方事故

(1)工程经过

京九线老营盘隧道全长 2 808 m，是京九铁路吉赣龙段主要控制工程之一。根据工期要求和地质条件，设 3 个斜井，施工工期为 17 个月。

老营盘隧道穿过老营盘山脉，通过地层主要为变质长石英砂岩夹碳质板岩、泥质板岩，岩层产状变化大，尤其是碳质板岩、泥质板岩产状主要以南东倾向为主，风化极为严重，呈碎末状；有的与隧道中线近似平行。岩体构造破碎，节理和断层极为发育，在 DK214＋250～DK214＋290 段为 40 m 断层破碎带，断层构造呈碎石镶嵌结构，断层构造水源丰富，涌水量为 45 m^3/h。

(2)塌方情况

在施工过程中,由于对断层带防护不力,于1994年1月5日在3号斜井进口方向DK214+217～DK214+290段发生塌方。

(3)原因分析

本次塌方的主要原因有2点:一是地层差,隧道3号斜井穿越断层破碎带;二是对穿越断层破碎带重视不够、支护不力。

(4)处理方法与措施

通过现场测量和观察,结合图纸进行认真地分析研究,认为该段的围岩主要为风化极严重的碳质板岩夹泥质板岩,呈镶嵌结构。坍方段位于319国道旁,地表覆盖层厚度120～150 m,由于塌方体块大、结构松散、空洞多,钻头多次脱杆,无论是注浆孔的位置设置还是孔的深度都难以达到设计要求,经过多种方案的比较并在洞内做深孔注浆试验,决定采用"地表深孔注浆"的施工方案。

当隧道高度较大而又无大型凿岩台车时,可用台阶开挖法施工。该法将隧道分为上下2层掘进,当上半断面掘进施工超前下半断面时,称为正台阶法开挖,反之则为反台阶法开挖。在不太松软的岩层中采用正台阶法施工相当安全,并且效率较高,平均日进尺可达10 m。由于台阶法的特点介于全断面法和导坑法之间,对地质适应性较强,变更容易,目前我国约有70%的隧道开挖采用此法,多用于围岩能短期内处于稳定的地层。

当围岩比较松软、涌水量较大或缺乏全断面开挖机具时,可用导坑法。这时隧道开挖工序分为导坑开挖、扩大刷帮和挖底、挖边墙3部分。根据导坑位置不同,又可分为上导坑、下导坑和侧导坑等。超前导坑有利于探明前方的地质条件,地质变化时,变更施工方法容易。分部开挖有利于拉开工序,安排较多人力,加快施工进度。扩大刷帮和挖底、挖边墙这2部分的爆破要充分利用导坑这个临空面。扩大刷帮时,一般采用顺帮钻眼(所有炮眼都与导坑前进方向平行),这样易掌握开挖尺寸,钻眼方便,有利于流水作业,炮眼距离要求大于最小抵抗线,避免带炮或冲炮,装药量为炮眼深度的1/3～1/2。起爆顺序是:靠临空面的炮眼先起爆,依次由下向上,由里向外爆破。

【案例】2007年8月6日18时30分左右,石太客专南庄隧道出口DIK151+603掌子面处上导坑开挖刚完成,在准备架设拱架过程中,上导坑DIK151+603～DIK151+610段已完成的初期支护突然发生整体坍塌,事故造成2人死亡。

(二)钻眼安全技术

目前,在隧道爆破开挖过程中,广泛采用的钻孔设备为凿岩机和钻孔台车。为保证达到良好的爆破效果,施钻前应由专门人员根据设计布孔图现场布设,必须标出掏槽眼和周边眼的位置,严格按照炮眼的设计位置、深度、角度和眼径进行钻眼。如出现偏差,由现场施工技术人员确定其取舍,必要时应废弃重钻。

(三)装药安全技术

在炸药装入炮眼前,应将炮眼内的残渣、积水排除干净,并仔细检查炮眼的位置、深度、角度是否满足设计要求,装药时应严格按照设计的炸药量进行装填。隧道爆破中常采用的装药结构有连续装药、间隔装药和不耦合装药。连续装药结构按照雷管所在位置不同又可分为正向起爆、反向起爆和多点起爆3种起爆形式。

实践表明:反向起爆有利于克服岩石的夹制作用,能提高炮眼利用率、减小岩石破碎块度,爆破效果较正向起爆好;但反向起爆较早装入起爆药卷,会影响后续装药质量,在有水情况下,起爆药卷易受潮拒爆，还易损伤起爆引线，机械化装药时易产生静电早爆。

隧道周边眼一般采用小直径药卷连续装药结构或普通药卷间隔装药结构。当岩石很软时，也可用导爆索装药结构，即用导爆索取代炸药药卷进行装药。眼深小于 2 m 时，可采用空气柱装药结构。

（四）堵塞及起爆安全技术

隧道内所用的炮眼堵塞材料一般为砂子和黏土混合物，其比例大致为砂子 40%～50%、黏土 50%～60%，堵塞长度视炮眼直径而定。当炮眼直径为 25 mm 和 50 mm 时，堵塞长度不能小于 18 cm 和 45 cm。堵塞长度也和最小抵抗线有关，通常不能小于最小抵抗线。堵塞可采用分层捣实法进行。

爆破网络是隧道爆破成败的关键，它直接影响爆破效果和爆破质量，爆破网络必须保证每个药卷按设计的起爆顺序和起爆时间起爆。目前，在无瓦斯与煤尘爆炸危险的铁路隧道中进行爆破开挖多采用导爆管起爆系统起爆。

（五）盲炮的预防与处理

(1)盲炮的预防

爆破器材要妥善保管，严格检验，禁止使用技术性能不符合要求的爆破器材。

导爆管是目前用于隧道爆破作业较理想的爆破器材，具有抗静电、抗杂电、抗水、抗冲击、耐火等特点，适用于无瓦斯隧道的爆破作业。为防止出现瞎炮，应采取相应的预防措施：①导爆管使用前应随时保持封口状态，以防管内药粉受潮；②导爆管的连接必须牢固，防止拉脱，影响塌爆；③导爆管必须有段别标志，否则做报废处理；④装起爆药包时，应先把导爆管理理顺，用手扶着药包后把药包轻轻送入孔内，防止导爆管拉脱和打结；⑤填炮时应妥善保护导爆管，防止炮棍、石子撞击、砸扁或切断导爆管；⑥网路连接时必须清除导爆管上的泥污和水，并绑扎牢固，但不要拉紧，以防拉脱；⑦网路连接后还必须仔细检查有无错连漏现象，确保连接准确无误。

对于电力起爆，应采取相应的预防措施：①同一串联支路上使用的电雷管，其电阻差不应大于规定值；②从炮孔布置、起爆方式、延期时间、网路敷设、起爆电流、网路检测等方面提高爆破设计质量；③对于重要的爆破，必要时须进行网络模拟试验，改善爆破操作技术，保证施工质量；④要防止漏接、错接和折断脚线，网路接地电阻不得小于规定值，并要经常检查开关和线路接头是否处于良好状态；⑤在有水的工作面或水下爆破时，应采取可靠的防水措施，避免爆破器材受潮；必要时，应对起爆器材进行水下防水试验，并在连接部位采取绝缘措施。

(2)盲炮的处理

当发现盲炮时，必须由原爆破人员进行处理。处理盲炮前应由爆破领导人定出警戒范围，并在该区域边界设置警戒，处理盲炮时无关人员不准许进入警戒区。电力起爆发生盲炮时，应立即切断电源，及时将盲炮电路短路。导爆索和导爆管起爆网路发生盲炮时，应首先检查导爆管是否有破损或断裂，发现有破损或断裂的应修复后重新起爆。

对孔底剩药现象，采取用水冲洗和取出残药卷的方法进行处理。对只爆雷管而炸药未爆的现象，采取用木棍掏出炮泥（不应拉出或掏出起爆药包），重新装起爆药包或聚能药包进行残爆；查出错连的炮孔网络，重新连线起爆在距盲炮不小于 0.3～0.5 m 的地方钻平行装药起爆，用风水吹管吹洗炮孔。

盲炮处理后应由处理者填写登记卡片或提交报告，说明产生盲炮的原因、处理的方法和结果以及预防措施。

五、瓦斯隧道爆破安全技术

当铁路隧道穿越煤系地层时，爆破施工可能遇到瓦斯问题。瓦斯是从煤（岩）体内渗出的各种有害气体的总称，包括沼气、一氧化碳、二氧化碳和硫化氢等。在一定压力、温度条件下，瓦斯遇到火源将发生燃烧或爆炸，给施工带来极大的危害。因此，必须采取相应的措施，防止瓦斯爆炸事故的发生。本节仅介绍瓦斯隧道爆破施工的一些特殊问题。

（一）瓦斯的特性

瓦斯在煤层内有游离和吸附 2 种存在状态。当隧道开挖通过煤层或煤层近区的岩体时，瓦斯通过煤层的裂隙、孔洞涌向隧道或工作面，同时吸附状态的瓦斯转化为游离状态。其涌出形式有缓慢涌出、喷出、煤和瓦斯突出 3 种。铁路设计一般均避开煤层及含有大量瓦斯的地段，因此瓦斯的涌出形式主要是缓慢涌出。沼气是瓦斯的主要成分，它是大量埋藏在地下深处的植物沉积物，在缺氧条件下，受高温高压作用进行煤的变质碳化过程产生的一种可燃气体。沼气是无色无味的气体，具有窒息性，与空气混合后还具有燃烧爆炸性。当沼气浓度在 5％以下时，遇火能燃烧；5％～15％时，遇火爆炸；15％以上时遇火燃烧，但因空气中含氧量减少而不完全燃烧，冒黑烟；沼气的引燃温度一般为 650～750 ℃，当氧气含量低于 12％时，遇火不燃烧。不同浓度的沼气引燃温度不同，高温也可引燃低浓度的沼气。瓦斯在空气中要爆炸，必须具备一定的浓度、一定的含氧量和火源。瓦斯浓度爆炸界限如表 4-2 所示，空气中瓦斯浓度为 9.5％时最易引起爆炸，且爆炸威力最大。了解了这一规律，就可以采取相应的措施，使隧道内的瓦斯不超限，且杜绝火源就能保证不发生燃烧和爆炸事故。

表 4-2　瓦斯浓度爆炸界限

瓦斯浓度（％）	爆炸界限
5～6	瓦斯爆炸下界限
8.0	最易点燃
9.5	爆炸最强烈
14～16	瓦斯爆炸上界限
小于 5.0 或大于 14～16	不爆炸，与火焰接触部分燃烧

爆破作业引起瓦斯爆炸的机制比较复杂，爆炸冲击波、爆破生成的气体产物、炽热固体颗粒都可能参与瓦斯的发火反应。据实验所知，高温的气体产物对引起瓦斯爆炸最危险。为避免发生爆炸，应使各种因素对瓦斯混合气体的作用时间小于危险介质的引火延迟时间。

（二）瓦斯隧道对爆破材料的有关要求

瓦斯隧道必须使用煤矿允许使用炸药和煤矿允许使用电雷管，具体的规定如下：

（1）铁路瓦斯隧道在煤层以及距煤层 10 m 以内的爆破工作面，或沼气浓度大于 0.3％的岩层爆破工作面时，都必须使用取得产品合格证的煤矿允许使用爆破器材，采用安全电力起爆。若岩层爆破工作面及其前后 20 m 范围内的沼气浓度在爆破全过程中均不超过 0.3％，则可以使用非煤矿爆破材料和非电塑料导爆管起爆。

（2）严禁使用含水量超过 0.5％的铵梯炸药及硬化的铵梯类炸药。

（3）采用煤矿许用炸药时，宜选用 2 号或 3 号煤矿许用炸药；有瓦斯突出危险的地段，必须选用 3 号煤矿允许使用炸药、煤矿水胶炸药、煤矿乳化炸药、被筒炸药、当量炸药或离子交换型炸药。

（4）严禁使用秒或半秒级电雷管。

（5）采用电力起爆时，必须使用防爆型起爆电源，1 个工作面不得同时使用 2 台或多台起爆器放炮。

(6)电爆网路必须采用串联方式,不得并联或串并联。

(三)施工瓦斯的检测

1. 检测标准

隧道中煤(岩)层瓦斯涌出,其浓度大小是危险程度的标志,施工中必须将瓦斯浓度控制在安全的限值以内:

(1)铁路瓦斯隧道内每立方米空气中,氧气含量(按体积计)应不小于 20%;

(2)隧道总回风或一翼回风风流中,瓦斯浓度应小于 0.75%;

(3)从其他工作面进来的风流中,瓦斯浓度应小于 0.5%;

(4)工作面风流中,瓦斯浓度达到 1%时必须停止用电钻打眼;

(5)开挖工作面风流瓦斯浓度达到 1.5%,电动机或其他开关地点附近 20 m 以内风流中瓦斯浓度达到 1.5%时,必须停止运转,撤出人员,切断电源,进行处理;

(6)开挖工作面内,在体积大于 0.5 m^3 的空间内,如坍塌洞穴、避车洞等处,其局部瓦斯积聚浓度达到 2%时,附近 20 m 内必须停止工作,撤出人员,进行处理;

(7)因瓦斯浓度超过规定而切断电源的电气设备,都必须在瓦斯浓度降到 1%以下时方可开动机器,使用瓦斯自动检测报警断电装置的掘进工作面,只准人工复电;

(8)停工后风机停止运转,在恢复通风前,局部通风机及其开关附近 10 m 以内风流中瓦斯浓度不超过 0.5%时,方可开动局部通风机;

(9)隧道内其他有害气体(按体积计)不得超过规定要求。

2. 瓦斯检测仪器

瓦斯安全检查仪器应保持测试结果的准确性,除每旬必须进行一次调试、校正外,平时发现有问题应及时处理。瓦斯安全检测仪器大修应送国家认证机构进行。

3. 瓦斯超限与处理

当监测到瓦斯超限时,须立即停止作业,撤出人员,并报告主管领导,采取处理措施。符合标准时方可复工。

(四)瓦斯隧道爆破作业安全技术要求

在具有瓦斯爆炸危险的铁路隧道中进行爆破作业,必须遵守《爆破安全规程》、《煤矿安全规程》及《铁路瓦斯隧道爆破的暂行技术规定》的要求。

【案例】2005 年 12 月 24 日 23 时 15 分,由中铁某局集团三公司施工的贵州省盘县响水煤矿播土采区 19 号煤皮带上山巷道工程在爆破作业时,巨大气流从洞内喷出,随即大火也从洞内喷出,洞口人员及时撤离,12 名作业人员被困井下遇难。

(1)瓦斯隧道施工单位的各级行政领导是安全生产的第一责任者,必须加强责任心。

(2)专职的瓦斯安全检查员、爆破工、电工和各种设备司机,必须进行专门的安全技术培训,经考试合格后方可上岗。瓦斯安全检查员负责检查、督促安全措施的全面实施,当发现事故预兆时,有权责令现场人员停止施工,并按有关安全规定采取措施。

(3)有瓦斯突出危险的隧道,应单独编制预防瓦斯突出的实施性施工组织设计。瓦斯区段的施工均应进行瓦斯监测,设置消防设施,并配备兼职救护队。

(4)铁路隧道含瓦斯区段必须采用普通光电测距仪测量时,其工作范围内的瓦斯浓度必须小于 1%。

(5)洞内装渣时,必须将石渣润湿,装渣机铲斗不得猛力与石渣碰击。

(6)铁路隧道含瓦斯区段爆破应严格执行“一炮三检”制度,即钻眼前、装药前、起爆前均应进行瓦斯浓度检查。

(7)铁路隧道含瓦斯工作区钻孔作业,应符合下列规定:

①钻眼前,应测定工作面附近 20 m 以内风流中的瓦斯浓度,在 1%以下时方可开钻;

②在施钻过程中,要随时检测瓦斯浓度;

③必须采用湿式凿岩,炮眼深度不得小于 0.65 m。

(8)采用电雷管起爆,正向连续装药结构,起爆药卷以外不得装药。严禁反向装药或间隔装药。

(9)在岩层内爆破,炮眼深度在 0.9 m 以下时,装药长度不得超过炮眼深度的 1/2;炮眼深度在 0.9 m 以上时,装药长度不得超过炮眼深度的 2/3;在煤层内爆破,装药长度不得超过炮眼深度的 1/2。所有炮眼的剩余部分都应该用炮泥堵塞。

(10)炮泥应用黏土炮泥,严禁使用煤粉、块状材料或其他可燃性材料做炮泥。

(11)有下列情况之一者,未经妥善处理不准装药和放炮:

①放炮地点附近 20 m 以内风流中,沼气浓度达到 1%时;

②在放炮地点 20 m 以内,有未清除的碎石、煤渣、矿车或其他物体阻塞巷道断面 1/3 以上时;

③风量不够,风向不稳,局部有循环风时;

④炮眼内有异物、温度骤高或骤低、煤岩松散或有显著瓦斯涌出时;

⑤炮眼内煤、岩粉未清除干净;

⑥无炮泥、封泥不足或不严的炮眼。

(12)爆破后,只有当瓦斯浓度小于 1%,二氧化碳浓度小于 1.5%,撤除警戒后,工作人员才可进入工作面工作。

(五)穿越煤层施工

隧道掘进由岩层进入煤层前,必须重新验证各煤层的突出危险性。掘进工作面距煤层约 10 m 时,就应向煤层打探孔,探孔穿透煤层全厚并进入岩层不小于 0.5 m,探孔应保持超前工作面 5 m ,以便确切掌握煤层储存条件和瓦斯情况。揭开煤层前,掘进工作面到煤层之间必须保持一定的岩柱,倾斜岩层为 2 m,缓倾斜岩层及倾斜煤层为 1.5 m。

在穿越煤层施工中,控制煤和瓦斯突出的方法有很多,通常采用以下 3 种方法。

1. 震动性放炮

震动性放炮实质上是在掘进工作面上钻较多炮眼,装较多炸药,全断面一次起爆揭开煤层,并利用放炮所产生的强烈震动,人为地诱导煤和瓦斯的突出。

震动性放炮要求煤层瓦斯压力小于 1 MPa。如大于 1 MPa,则应先钻孔排放瓦斯或采取其他措施将瓦斯压力降到 1 MPa 以下,然后用震动放炮揭开石门。

(1)震动性放炮的设计参数

①炮眼个数。炮眼个数较一般性放炮多 2~3 倍,具体应视岩柱情况而定或按下式计算:

$$N=5\sqrt{S}$$

式中 S——隧道开挖断面积,m^2。

②当使用延迟雷管时,单位炸药消耗量为 2~3 kg/m^3,采用瞬发雷管时为 3~4.5 kg/m^3。只准使用煤矿允许使用炸药。

③炮眼密度。隧道顶部炮眼密度一般小于底部,周边炮眼密度大于中部。

④炮眼深度。一般应超过欲揭的岩层和煤层厚度之和,而岩层中炮眼的底部距煤层应有

0.1～0.2 m 的距离。若钻眼时掌握不好，可在刚钻至煤层后停止钻进，并填塞 0.1～0.2 m 眼底炮泥。装药后，全部炮眼必须填满炮泥。

(2)震动性放炮安全事项

①必须周密设计爆破网路，仔细核查、选择爆破器材，保证不发生拒爆和盲炮；②放炮前，必须检查通风设施；③放炮的发爆工作必须在洞内进行；④采用震动性放炮时，隧道顶部比较薄弱的地方易引起塌方，应做好加强支护工作，并防止放炮引起的弱煤层爆后强煤层突出的现象，做好组织清除工作。

2. 超前支架法

超前支架法的作用在于缓和山体压力、加强隅角的煤体支护、防止煤的坍落而引起煤和瓦斯的突出。当石门掘进距煤层 2 m 时，沿石门上部和两侧各打 1～2 排直径 70～100 mm、彼此相距 200～300 mm 的钻孔，钻透煤层并穿入顶板(或底板)0.3 m，钻孔内插入直径 50～70 mm的钢管或钢轨，钢管尾部可用钢轨或混凝土支柱固定，然后一次放炮穿越煤层。

3. 水力冲孔冲刷法

水力冲刷是指在石门未揭开前，利用高压水枪预先冲刷揭露的煤层，使岩柱内侧的煤层人为地形成空洞，将煤体局部卸压，同时排除一定量的瓦斯，从而起到预防突出的作用；而水力冲孔则是通过钻孔诱导突出，将石门揭煤发生的大突出转化为钻孔的小突出，将不易控制的破坏性突出变为人为控制的安全突出，使煤体和瓦斯的潜能预先释放出来。常用的技术措施有以下几点：

(1)在水力冲孔前，预留 5 m 的安全岩柱。

(2)在距煤层 5 m 的石门工作面布置若干水力钻孔眼，布眼时考虑石门顶部以上 10 m，左右 8 m，下部 6 m 作为卸压的三个危险区。

(3)自上而下依次压注高压水冲孔，水压一般为 4～5 MPa。为防止揭煤时顶部发生煤层坍塌，在石门顶部可压入泥浆，以增加煤体强度。

(4)在石门两侧做导洞，保留 2 m 安全岩柱，以震动放炮安全揭开煤层。

【案例】六沾铁路乌蒙山 1 号隧道成功穿越煤层

由中国铁建二十二局集团某公司承建的六沾铁路乌蒙山 1 号隧道及平导出口工区成功穿越宣威群和梁山组煤系地层。在隧轴线上，2 组煤层分别有 5 层和 2 层见煤，以 C3 煤层最为明显，厚度达 6.73 m，煤层生烃能力较强，瓦斯生成量较大，属高瓦斯突出煤层，这对该线施工难度和安全提出了更高的要求。

该公司担负施工地六沾铁路乌蒙山 1 号、2 号隧道存在高瓦斯、岩溶、滑坡、危岩落石及断层破碎带等不良地质，具有典型的云贵高原地质特征，被成都铁路局六沾指挥部称为“地质博物馆”。由于地质复杂，施工难度大、安全隐患多，施工过程中需要攻克多道技术难关。

项目部根据工程特点按照《铁路瓦斯隧道技术规范》和《煤矿安全操作规程》在人员培训、通风设计、超前地质预报、瓦斯监测、突出预测、轨道运输、电力防爆、通信照明、应急预案等方面做了大量有效的前期准备工作，按照既定方案顺利揭开 C3 煤层石门，进入长达 22 m 的煤巷施工，随后不久平导相继穿越 C4、C5 煤层，标志着平导成功穿越宣威群煤层群，为该公司高瓦斯隧道施工积累了宝贵经验。

图 4-32 为乌蒙山 1 号隧道掘进揭穿煤层；图 4-33 为乌蒙山 1 号隧道平导仰拱瓦斯隔离板铺设。

图 4-32　隧道掘进揭穿煤层

图 4-33　乌蒙山 1 号隧道平导仰拱瓦斯隔离板铺设

第四节　开挖作业安全

一、开挖作业影响安全的因素

当隧道穿过节理发育、易于风化的岩层时，由于各种地质现象的存在会给施工带来困难和不安全因素。

要根据不同的地质条件选择合适的开挖方法和施工工艺，如钻爆法、机械开挖法、混合开挖法等，如果方法选择不当会增加施工中的危险程度。

在施工过程中要加强管理，科学组织、合理安排施工工序，如机具的合理使用、爆破器材的管理等。管理不善是影响开挖作业安全的重要因素。

【案例】工序质量不良导致隧道病害事故

(1)事故经过

某隧道全长 4 755 m，隧道地下水以基岩和构造裂隙水为主，裂隙水较发育，地下水丰富，隧道贯通后日均水量达 18 600 m^3/d。隧道于 2002 年 7 月 1 日开工，2004 年 7 月 1 日竣工，工期为 24 个月，2005 年 4 月 1 日交付运营（货运）。

铁路运营一段时间后根据线路维修单位反映，在隧道 K145＋500～K147＋600 地段平均每天轨道高低、水平变化在 2～3 mm 以上，尤其 K146 处每次检查都有十几毫米的三角坑和高低变化，直接影响行车安全。为此铁路指挥部于 2006 年 5 月 20 日、21 日会同铁路局综合段、施工单位、监理单位、设计单位有关人员利用封锁时间对现场进行调查，存在以下病害：

①Ⅱ、Ⅲ级围岩地段隧道侧沟普遍没有施作沟底；

②隧道铺底混凝土与隧道侧沟沟帮分离，侧沟及电缆槽身悬空，侧沟水进入隧道道床；

③隧道铺底混凝土底部局部存在虚渣，经底板下岩层裂缝流动承压水冲刷后，引起隧道铺底混凝土下沉、开裂、断裂等。

(2)事故原因

①主要原因

施工工序不符合设计规范要求是产生病害的主要原因。

隧道施工时，铺底和侧沟施工工序不正确，侧沟没有整体施作，电缆槽边墙与水沟分开浇筑，加之新旧混凝土结合不好，增加了施工缝，又因没有施作侧沟沟底，造成底板、水沟底渗水涌砂砾。

②次要原因

(a)隧道孕育丰富的承压水

隧道穿过的岩层中含有丰富的承压水，并和地表溪流相通，水量的大小与降水量相关。因此，在 2003 年 1 月 9 日“四方会议”上，施工单位和监理单位共同提出增设排水洞的变更建议，先行在 DK134＋337(K147＋331.89)线路右侧开挖横通道进行排水洞的开挖，同时上报增加排水洞的变更设计，该变更直至 2003 年 8 月才形成正式变更设计。

(b)隧底局部存在虚渣

隧道底板施工前没有对隧底局部虚渣进行彻底清理，铺底后承压水带砂从裂缝涌出，造成局部底板下沉、断裂和水沟涌砂砾。

(c)隧道铺底施工方法不当

隧道施工采用有轨运输，为减少相互之间施工干扰，底板、仰拱施工采用左、右两侧交替浇筑的施工方法。运营后，左、右两侧底板承受轨道运输荷载反复且不平衡作用，加之局部基底向上涌有压水的原因，造成有压水带砂在施工缝涌出，引起局部隧底左、右两侧不均衡下沉，从而引起轨道三角坑和高低变化。

(d)隧道底板没有防水加强措施

在调查整治中发现涌水带砂砾造成底板下沉的 4 段均发生在涌水严重或蹋方处理地段及围岩Ⅲ级变Ⅳ级地段。这些地段围岩为花岗岩夹变质强风化砂岩，在当时处理过程中只对拱部和边墙增设锚杆和格栅钢架、铺设双层防水板，而对隧底没有加设防水板、盲管的防范措施。

运营后隧底受列车动载的反复作用，底板与基底成蜂窝状间层破坏后为砂砾，加之局部隧底存在虚渣，砂砾随承压水由水沟底涌入水沟，严重地段造成底板下沉、电缆沟脱空，而水沟水沿底板与侧沟施工缝进入道床。

二、开挖作业的一般安全要求

(1)应根据设计位置、中线、水平、地质等情况，并依据可能产生的下沉量和施工误差来掌握施工部位的尺寸，保证开挖和衬砌断面符合设计要求；同时还应根据所选的施工方法和所配备的开挖方式和步骤，确定循环进尺，以便各工序互相配合；

(2)要安排专人负责找顶片帮，对开挖面和衬砌面要经常检查，要把爆破后的工作面及其附近作为检查的重点，发现险情立即采取措施；

(3)工作人员到达工作地点后，要首先检查工作面的安全状态，并详细检查支护的牢固情况、围岩的稳定情况、发现松动的石块或裂缝应予以清除或支护；

(4)上下导坑间为出渣和进料而开挖的漏斗孔，一般在下导坑内向上钻眼爆破，漏斗孔严禁人员上下，在不使用的时候要加盖；

(5)采用先拱后墙法施工时，要在拱圈混凝土强度达到设计强度的70%以上后才允许进行下步开挖；

(6)两工作面接近贯通时，两端要加强联系，统一指挥，当两端的开挖距离为8倍循环进尺或接近15 m时，要停止一端作业，并将人员和机具撤走，在安全距离以外设置警戒标志，防止人员误入危险区。

三、分部开挖的作业安全要求

(1)导坑开挖。导坑开挖是隧道分部开挖的领先工序，应采取多循环，选择最优的炮眼深度，提高爆破效果，加快掘进进度，增加后续工序的工作面，提高施工速度，但在地质不良地带施工时不宜超前过多，防止坍方。

【案例】处理危石伤亡事故

(1)事故经过

1985年12月5日在大沙线先礼隧道进口清理导坑石渣作业中，当3人在中槽处理危石时，顺线路方向突然坠落一块0.53 m^3 石块砸在排架上，将3排排架推倒，使3人落入下导坑，造成1人重伤、2人轻伤的事故。

(2)原因分析

①水泥供应脱节，造成开挖后岩层暴露时间过长。

②施工计划安排不当，盲目开挖中槽，支护措施又未跟上。

③排架加固不牢，被落石推倒。

根据地质情况、支护方法、动力、运输、通风、排水等情况，在确保施工安全的前提下选定导坑断面。

在下导坑开挖时要注意底板眼的角度，在下坡隧道的施工中更应注意掌握，防止抬高底板。

(2)分部扩大开挖。分部扩大开挖由于在临空条件下进行，最容易造成超、欠挖和坍塌。为了防止超、欠挖，可以采取加强施工测量和顺帮打眼、光面爆破等措施：拱脚以上1 m范围内最容易造成欠挖而使衬砌厚度不够，要严格掌握开挖尺寸；当采用向上分层扩大施工时，断面不易控制，要加强施工测量，并在出渣前进行断面检查。扩大开挖施工，当围岩压力较大时，支护应密切配合防止坍塌，在洞口地段分部扩大开挖时，在地质较差或覆盖层较薄的情况下，宜在洞内10～20 m处向洞口方向进行。

(3)马口开挖。马口开挖如施工不当容易引起拱圈变形开裂或坍塌，马口的布置和长度应结合地质情况、拱圈环节长度、拱圈超挖情况、回填质量等因素进行设计，并严格掌握。马口开挖要采取跳槽法进行，首轮马口的中心位置通常要选在拱圈接缝处，正常情况下Ⅰ～Ⅱ级不得大于4 m、Ⅲ～Ⅳ级不得大于2 m，回头马口可以适当延长，但最长不得超过首轮马口长度的1

倍,同时要进行支撑,防止坍塌。回头马口必须在相邻边墙封口 24 h 后进行,有侧压力时应在封口 3 d 进行较为妥当。洞口地段马口开挖,要特别注意拱圈悬臂的长度,一般 2 m 为宜,并加强支撑。在没有坍塌可能时,可以采用对开马口,对开马口必须在拱圈接缝处,长度在2～3 m。

马口开挖也应采取顺帮打眼的方法,避免超、欠挖,尤其是在边墙脚以上、1 m 范围内不得欠挖。向上打斜眼时,要控制炮眼深度,防止炮眼插入拱背,放炮损坏拱圈。

(4)仰拱开挖。设有仰拱的隧道,当边墙施工完成后,仰拱应紧跟边墙施工,边墙墙脚拱座建筑后应支撑牢固,防止边墙受到过大侧压力内移而引起开裂。支撑横梁还可以在其上面铺设小钢轨,解决开挖与运输干扰的问题。仰拱开挖一般采用分段跳跃法进行,不允许长距离开挖和使用铲运机等大型机械敞开开挖,以免导致隧道坍塌。

(5)避车洞施工。避车洞开挖,在正常情况下应与马口开挖同时进行,对于隧道浅埋且地质不良地段,最好先将两侧正洞边墙做好,必要时还应先将避车洞以上的边墙做完,再开挖避车洞,开挖中要加强支撑。

第五章 装渣与运输安全

第一节 装渣运输机具简介

坑道开挖后，要把开挖的石渣运出洞外，还要把支护材料运进洞内，这种作业称为装渣运输。为了使整个隧道施工有条不紊，对装渣运输，要根据条件和可能尽量选择一些高效率的装渣运输机具，并进行合理组织，妥善安排，才能加快施工进度。尤其装渣作业是隧道掘进循环中占用时间最多、又是与其他作业干扰较大的一项作业。因此提高装渣效率、缩短装渣时间、加强运输管理及调度工作，对提高隧道施工进度有着非常巨大的意义。

一、装渣运输机具类型

装渣运输作业按其采用的装渣运输机具和设备的不同可分为3类。

第一类是有轨装渣-有轨运输。即在坑道内靠近工作面一段用轨行式装渣机将石渣装在车辆内，编列成组，再用牵引机车沿着轨道运出洞外卸渣场。它是传统的装渣运输形式，污染小，不受隧道长短、断面大小的限制；但各工种干扰大，机械效率低，掘进速度较慢。此外挖枕木槽延误时间较长，不挖则轨面抬高，装渣机铲车上浮，引起隧底爬高。挖枕木槽，对硬岩难挖，对软岩易超挖，如有整体道床时是不允许超挖的。

第二类是无轨装渣-无轨运输。即在隧道施工中不铺设轨道，装渣采用铲斗轮胎式或履带式装岩机械，将石渣装在翻斗汽车内运出洞外卸渣场。无轨装渣-无轨运输不存在轨道铺设及工作面轨道延伸问题，运输管理及调度工作也较为简单，装运效率高，干扰小。如用内燃装渣机及翻斗汽车装运时，排出的废气量大，污染洞内空气，需要很好解决通风问题。

第三类是无轨装渣-有轨运输。一般是在离工作面20～30 m范围内不铺设轨道。装渣机械常用履带式。无轨装渣-有轨运输实为上述第一、二类的综合，它综合了第一、二类的优点，克服了各自的缺点，因而此种方法在隧道施工中有发展的趋势。要注意的是应做到轻、重车各行其道，防止交叉，轨道尽量接近掌子面，以加快装渣速度。

除了上述3类装渣运输方法外，还有皮带运输机，皮带长度达2～3 km。将石渣铲装在皮带运输机上，经由皮带运输到洞外石渣仓，再以重型翻斗车运至指定的卸渣场所。有的甚至采用装运卸联合机，实现装、运、卸联动化，自动化。

隧道内爆下的石渣要装入车辆内(或汽车斗厢内)，然后用牵引机车拖出洞外卸掉。因此装运机具有装渣机械、牵引机车、运输车辆等。

二、装渣机械

装渣机械的装载能力应满足循环作业所规定的时间要求；能装载开挖设计中最大岩石块度的需要，最好选用连续型装岩机。

1. 有轨装岩机

有轨装岩机主要有翻斗式和耙斗式。

(1)翻斗式装岩机。翻斗式装岩机又称为铲斗后卸式装岩机(简称装岩机),后卸式不带转载设备的称为装岩机,带转载设备的称为装载机。

装岩机是直接装车式的,它利用机体前方的铲斗铲起石渣,经机体上方将石渣投入机后的车斗内。装完一个斗车后,要把重车推出,把另一个空车推进,才能继续装渣,是非连续型装岩机械。该机构造简单、操作方便,但装载宽度受限制,需铺设临时轨道。因此,我国已停止生产这种装岩机,但工地上仍有使用。

装岩机按所用动力分为电动和风动 2 类。转载式装岩机本身附有皮带运输机,一次可连续装几个斗车,减少了调车时间,称为连续型装岩机。

(2)耙斗式装岩机。耙斗式装岩机简称扒渣机,它结构简单、维修方便、装渣效率高,可将坑道齐头的石渣先行扒出而起到翻渣作用,便于与钻眼工作平行作业,使用范围广。

扒渣机在装渣作业时,为了提高效率,应保持一定的作业距离。其长度应按扒渣机距工作面(包括渣堆)的距离、扒渣机长度、一列空车长度(包括机车长)、副道岔长度等因素之和确定。

2. 无轨装岩机

无轨装岩机一般称为装载机,按行走部分分为履带式和轮胎式 2 种。

(1)立爪式装岩机(图 5-1)。立爪式装岩机由履带行走架、链条刮板式输送机以及爪臂三大部分组成。工作时爪臂将石渣扒进输送链板上,然后,链板输送机将石渣输送到运输车辆上。输送链板是可以升降的,以适应不同高度的接载运输车。机械的三大部分在必要时可以分解为独立的单元,以便在坑道中运输和提升。立爪式装岩机只适用小断面坑道内使用。

图 5-1　立爪式装岩机

(2)蟹爪式装岩机(图 5-2)。它是一种连续装渣机械,在前端装有倾斜受料盘,其上装有一对蟹爪(也称双臂)。装渣时全机向前低速推进,将受料盘插入渣堆,2 个蟹爪连续交错扒取石渣,经皮带(或链条)输送将石渣装入车辆。

蟹爪式装岩机装渣效率高,耗工较少,能够连续装载,工作方式较为合理,大大简化了铲斗后卸式的铲装、扬斗、卸渣、返回以及前进、后退等反复循环动作。可配以大容积运输车辆进行装运,提高效率。该类机具多为电动履带式。

图 5-2　蟹爪式装岩机

(3)轮胎式装岩机。它的缺点是在水土质围岩和硬质围岩隧道巷道中容易出现打滑和下陷以及划破轮胎,效益较低,吃料力度小;它的优点是超小空间装渣,价格最便宜。

三、牵引机车

采用有轨运输时，要用牵引机车将铲装在斗车内的石渣拖出洞外。因此，牵引机车是轨行式隧道内牵引车辆的动力，在同一洞口，应尽可能选配同型号的牵引机车，以便使用、管理和维修。

牵引机车一般分为电瓶车和内燃机车2种，最常用的是电瓶车。内燃机车由于废气净化处理尚不够完善，隧道施工中很少使用。

四、运输车辆

1. 有轨运输车辆

有轨运输车辆有斗车和梭式矿车等。

(1)斗车。国产斗车种类很多，按其断面形状可分为V形、U形、箱形及箕斗形等；按其卸渣方法可分为侧倾、前倾及三方向倾等。

(2)梭式矿车。梭式矿车是放在2个转向架上的大斗车，车底设有链板式或刮板式输送带，石渣从前端接入，依靠传送机传递到后端，石渣就可布满整个矿车的底部。输送机的动力有气动和电动2种。单个梭式矿车的容积是5～15 m^3。这种矿车可单个使用，也可以成列使用，即梭车与梭车之间有可以搭接的部分，前车的卸渣端伸入后车的接渣端的车厢内。前车装满石渣后，连续开动运输机，将石渣从前车转送至后车。它可以正向卸渣，也可以侧向卸渣。梭式矿车由机车牵引。不论在全断面开挖还是分部开挖的隧道施工中均可使用。其特点是结构合理、制造简单、容积较大、操作方便、劳动强度低。

(3)槽式列车。槽式列车是由1个接渣车、若干个仅有两侧侧板而没有前后挡板的斗车单元和1个卸渣车串联组成的长槽形列车，在其底板处安装有贯通整个列车的风动链板式输送带。

使用时由装渣机向接渣车内装渣，装满接渣车后，开动链板传送带使石渣在列车内移动一个车位，如此反复装移石渣，即可装满整个列车。卸渣时采取类似的操作，由卸渣车将石渣卸去。

2. 无轨运输机械

在无轨运输施工中，石渣一般用自卸汽车运输。

第二节　装渣和卸渣作业安全

一、安全作业基本要求

隧道施工应根据断面大小、施工方法、机具设备和运量确定运输方案，装渣能力应与运输车辆的容量相适应，运输方式应根据机具设备和施工条件进行选择，长隧道运输要建立工程运输调度，统一指挥，以提高运输效率、确保安全。

各种运输设备不得人料混装；各种摘挂作业均应设置专职联络员；进入隧道的内燃机械与车辆，必须选用带净化装置的柴油机，控制汽油车辆和机械进洞，如果通风良好可以达到通风和防尘的要求时也可不受此限制；装载料具时，不得超出限界，装载大体积或超长料具时，应捆扎牢固，并加游车与保险绳，设置显示限界的红灯，还应专列运输和专人指挥。

二、装渣作业安全技术

装渣作业是隧道掘进循环作业中占用时间最多、又与其他作业干扰较大的一项作业。为了迅速、及时地将洞内爆下的石渣装运出去，要充分利用和发挥机械设备的作用和效率，根据渣量选择合适的装岩机，还要尽量缩短装渣作业线长度，并合理调车，减少辅助作业时间，保证作业安全，以实现快装、快运、快卸。

(一)有轨装渣

装渣在每个掘进循环中费时最多，为了加快隧道施工进度，首要的是加快装渣速度，因此，可采取如下措施。

1. 临时轨道延伸

隧道开挖工作面随着每个掘进循环不断向前延伸，轨道也须不断延长，当增加的长度不足一个正式轨节时，为了使装岩机靠近工作面齐头进行装渣作业，须采用临时延伸轨道的措施。常用的方法有短轨、爬道及卧轨、扣轨等。

(1)短轨。短轨类似轨排，但一股为固定轨，一股为活动轨。其长度一般为 1 m、1.5 m、2 m等。当掘进不足铺设 1 根长轨时，用不同长度短轨向工作面延伸。若已够 1 根长轨时，拆掉临时短轨，铺设整根钢轨，成为正式轨道。在铺设短轨前，应先放好正式轨道的枕木，以便铺设长轨。在铺设短轨时，如正式轨道接头不齐，可冲击活动轨，使其前后移动直至与轨道连接为止。

(2)爬道。爬道是由 2 根 4～5 m 长的槽钢用钢板焊接成一定轨距的梯子形轨道。在爬道前端应削成尖形，便于插入渣堆。使用时，将爬道先扣套在正式轨道或短轨上的尽头端，用装岩机的铲斗撞顶爬道的后端，使爬道尖端插入渣堆。当爬道延伸完时，可拆除爬道，换铺短轨，然后继续使用爬道向前延伸。爬道不易掉道，推进也方便，但发生变形时不易校正。

(3)卧轨。卧轨就是将钢轨侧放，有轨头向内式和轨头向外式 2 种，都是让装岩机车轮在钢轨侧面上行走。使用时也是用装岩机铲斗将卧轨顶入渣堆。其结构比较简单，铺设方便，在使用时可随时向前推进。轨头向内式卧轨较为常用，但要求卧轨下面和两侧用石渣捣紧，以免装岩机车轮在钢轨底上滚动；对装岩机手操作技术要求也很高，否则容易掉道。

(4)扣轨。扣轨是把钢轨轨头朝下反扣在正式轨道钢轨外侧，轨头紧贴正式钢轨轨腰，在扣轨外侧用轨块顶撑并用道钉固定，2 股钢轨之间用短木撑支顶住，以保持轨距。为便于顶进渣堆，可将扣轨前端切割成尖形，使用时只须锤击扣轨尾部，即可将轨道向前延伸。扣轨延伸轨道，一般适用于人工及小型装渣机装渣。

2. 提高装渣操作技术

主要是加强装岩机手的技术培训，即铲斗插入渣堆时，一面提升铲斗，一面使装岩机向前急驶，利用装岩机前进冲力将斗铲满。在操作中，要经常利用间隙时间用铲斗试探渣堆中有无隐藏大石块，如发现有，将大石块清除后，再继续进行。

3. 提高轨道铺设和线路维修质量

轨道应保持顺直、平正、稳固，并应经常清道。这样可以防止装岩机和列车掉道而延误进度。

4. 做好调车作业

随着开挖面向前推进，装渣地段的调车是十分关键的。据实际测量，装满一斗车石渣所需平均时间为 30～50 s，调车时间普遍大于装车时间，即装岩机停歇时间比工作时间长。而合理的调车方法与所采用的调车设备和铺设的轨道数量有密切的关系，一般可分为单道及双道 2 种不同的调车方法。

(1)单道调车法。一般在靠近装岩机后，设置便于安装和移动的前方调车设施，随着掘进延伸，在其后一定距离设岔线作为存放空、重车及调车之用。

①使用平移调车器与错车岔线调车。随着开挖面的向前推进，平移调车器可以很方便地向前搬动，每安设一次只需 2 个人，用 20 min。采用折叠式平移调车器及侧向道岔，直接推出空车，当工作面距岔线过长时，则在中间加设调车侧洞，以缩短平移调车器到开挖面的距离(一般在 15～20 m 为宜，最大不应超过 30 m)。

②装岩机后设置浮放双开道岔调车。使用浮放双开道岔调车，是在浮放道岔上，固定一股道存放空车，另一股道存放重车。每列车的斗车数，除按浮放双开道岔所能容纳的斗车数量外，再增加一辆。这是因为有一辆斗车已在装岩机处装渣。

(2)双道调车法。①双道单机装渣时，使用平移调车器调车，或采用水平移车器调车。②双道双机装渣时，使用浮放菱形道岔调车。③全断面一次开挖法调车。全断面一次开挖法使用门架式液压钻臂凿岩台车时，其轨距为 3.5 m，台车停放处底部净空只允许设单道，需配合对称单道线浮放道岔调换空、重车。

5. 连续装渣

以往广泛使用的轨轮铲斗后卸式装岩机，要做到连续装渣，必须配有转载输送设施，用来减少或消除因调车而中断的装渣时间，使装渣有一定的连续性。

(二)无轨装渣

在无轨运输施工中不再铺设轨道，即使是在轨行式隧道施工中，导坑齐头也可不铺设轨道，采用履带式装岩机或轮胎式装岩机进行无轨装渣。这可以免除导坑齐头经常铺拆临时短轨、减少了工序与干扰、无装岩机掉道等问题，因而可加快装渣速度。

(三)装渣作业安全规定

人力装渣时，装车前应把车停稳并制动，解除制动要使用工具。启动前应鸣笛或吹哨。漏斗装渣时，应有联系信号；棚架上扒渣应保持渣堆稳定，防止零星石块坍塌伤人；装满时应发出信号，装渣后漏斗应及时加盖。接渣时，漏斗口下不得通过行人。

机械装渣，坑道断面尺寸应能够满足装载机械安全运转。装渣机上的电缆或高压胶管，应有专人收放；装渣机操作中，其回转范围内不得有行人，以避免机械伤害。

掌子面装渣，司机要注意未处理干净的危石，特别要注意断层变化发生坍塌，砸坏机械的事故发生。

三、卸渣安全技术

洞内的石渣运至洞外渣场卸掉称为卸渣。无轨运输中采用自卸翻斗汽车卸渣较为简单。在此主要讲述有轨运输中洞外轨道布置和卸渣作业。

(一)洞外轨道布置

洞外应布置卸渣线、错车线、编组线及各种专用线(运料线)等。

卸渣线应不少于 2 条，以便使重载列车尽快卸渣回空，避免因等待卸渣而延误时间。

错车线是为解决洞外错车问题而设置的，要求道岔设置合理，并有足够的有效长度，以减少列车运行中的相互干扰。

编组线是供混合列车编组之用，应选择在适当地点铺设。

砂石场、水泥库、混凝土搅拌台、木料堆放场、木工房、机修房、充电房等均需设置专用线。专用线的布置应力求紧凑，并与运输线路分开，互不干扰。

(二)卸渣作业

卸渣要根据地形特点并考虑弃渣的利用和处理，进行全面的规划，合理安排卸渣。要注意节约用地，不占或少占农田；洞口有桥涵而又必须弃渣时，要事先制订可靠措施，避免对洞口桥墩台造成偏压而使之移位、变形；沿河弃渣时要注意避免堵塞河道。

根据洞口地形，布置较短的卸渣线路，堆渣场地势要低。应尽量避免倒运弃渣，并充分考虑卸渣场地的伸展。对于可利用洞内弃渣做路基及衬砌材料的卸渣场地，还要考虑到取用时的方便。如洞口附近地势平坦、弃渣困难时，可根据机械设备情况，采用绞车牵引至高台卸渣或远运。

卸渣码头的设置应不少于2个，码头要搭设牢固，并备有挂钩、栏杆、车挡等。卸渣方式可根据不同的地形条件、机具设备及材料情况选择。

(1)延伸轨道侧式卸渣。沿地形等高线或傍山较陡山坡及沟坎铺设卸渣线路逐段卸渣时，也可填筑傍山路堤。外侧路肩宜用片石砌成适当高度的陡坎。卸渣轨道可一次铺够，也可逐段延长。延伸轨道侧式卸渣可使成列车辆同时卸渣，不需拨道，易于保持码头及轨道经常处于良好状态。

(2)横移扩展侧式卸渣。在渣堆上铺设卸渣轨道，随渣堆的扩展拨道使卸渣线位于渣堆边缘，此方法多用于凹地弃渣场。在洞口地形陡窄、须利用弃渣堆作为洞外工作场地时，此法最宜采用；但须经常扒平轨道旁余渣，且轨道不易保持良好状态。拨道时，对卸渣有干扰。

(3)换装码头卸渣。弃渣需要远运、利用或废弃时，采用换装码头卸渣。此种码头多为固定式，其构造视地形条件、卸渣方式及接运车辆等因素而定，有倒装平台、漏斗棚架、立交桥、推土装载机换装场等。对前3种位置的选择，应考虑为造成换装码头处卸渣线与转运线间的高差而须进行的展线及有关洞口的布置。码头设施的构造及数量，应适应掘进速度和出渣量，并留有发展余地。如接通尽头线为闭合线，则扩大汽车调车场，加长或增设平台、棚架、梭槽及漏斗等。推土装载机换装场，应考虑堆渣、装渣及汽车回旋余地，卸渣轨道宜高于集渣场，翻卸侧的路肩应宜予砌筑，使线路尽量靠近坎边，以减少清、扒工作。

四、装渣与卸渣作业安全要点

1. 隧道内装渣与卸渣作业应考虑下列主要危险源、危害因素：

(1)围岩失稳坍塌；

(2)洞内照明光照度不足；

(3)找顶不彻底；

(4)作业区域机械、车辆对人的伤害；

(5)卸渣车辆溜车、倾翻、挂碰；

(6)粉尘及有害气体含量超标；

(7)弃渣场未设挡渣墙，弃渣影响排水，破坏环境。

2. 隧道开挖爆破后，应及时进行通风、照明、找顶、初喷等工作；在装渣作业开始之前，必须确认工作面稳定，排除未爆的炸药和雷管，确认没有安全隐患后，方可进行装渣作业。

3. 隧道装渣作业空间狭小，应规定作业区域，并挂牌给予警示，严禁与装渣作业无关的人员进入，并安排安全人员进行监督。如因其他作业不得已进入工作面时，必须采取暂时中断装渣作业等措施。

4. 洞内装渣以及夜间卸渣作业时，装渣机及运输车辆和作业场所必须保证足够的照明亮度。如果照明亮度不够，视线不清，可能导致装渣运输机械运行过程中发生挤碰，甚至危及人员安全。因此，装渣与卸渣作业应有专人指挥，作业场地的照明应满足作业人员安全操作的需要。

5. 在机械装渣过程中，可能引发安全事故，装渣运输人员必须遵守机械设备安全操作规程，防止事故发生。装渣作业应遵守下列规定：

(1)装渣机械作业时，其回转范围内不得有人通过；

(2)装渣过程中，应注意观察开挖面围岩的稳定情况，发现松动岩石或有塌方征兆时，必须先处理再装渣；

(3)装渣时发现渣堆中有残留的炸药、雷管应立即处理；

(4)向运渣车辆中装渣时，应避免偏载、超载；

(5)应扒渣机装渣时，若遇岩块卡堵，严禁用手直接搬动岩块，身体任何部位不得接触传送带；

(6)机械装渣的辅助人员，应随时观察装渣和运输机械的运行情况，防止挤碰。

6. 卸渣场应结合当地自然环境、运输条件、弃渣利用等综合因素进行设计，并严格按要求施工，卸渣场应做好挡墙护坡、排水系统、绿化覆盖等配套作业；卸渣场路面应坚实、平整，卸渣地段应设置一定距离的上坡道及挡车装置，满足运输及卸渣安全作业要求。有轨及无轨运输卸渣作业时应分别遵守相应的安全操作规程。具体来讲，卸渣作业应遵守下列规定：

(1)卸渣场应按设计进行施工，满足安全作业及环境保护要求；

(2)有轨运输卸渣场线路应设安全线并设置1%～3%的上坡道，卸渣码头应搭设牢固，并设有挂钩、栏杆及车挡防止溜车装置；

(3)电瓶车牵引梭式矿车或渣车卸渣时，必须用铁楔将车轮2个方向楔紧，不得采用石渣或木条代替铁楔；

(4)自卸汽车卸渣时，必须将车辆停稳制动，不得边卸渣边行驶；不得在坑洼、松软、倾斜的地面卸渣；卸渣后应及时使车厢复位，严禁举升车厢行驶。

第三节　运输作业安全

一、施工安全技术

(一)有轨运输

有轨运输，洞外应设置调车、编组、卸渣、进料及设备整修作业等线路；洞内运输轨道应尽可能铺设双道，如铺设单轨道时，要铺设错车线，错车线的有效长度应能满足最长列车运行的需要。运输线路应设专人负责养护维修，特别是两侧废渣和余料要及时清走。

人力推车最大行车速度在洞内施工地段不得超过5 km/h；洞外及成洞地段不得超过6 km/h；车辆前后距离不得小于20 m。翻转式斗车应有卡锁，运行及装车时，必须把卡锁锁住。车辆刹车装置经常处于良好状态。车辆运行中，严禁人走在两侧推车、用肩扛车或用车顶车等不安全操作方式，仅在上坡时允许在车前帮助拖拉，但绳索必须牢固。严禁下坡溜车，在视线不良或有障碍物的施工地段应及时鸣笛，在轨道上停车应加上轮楔，防止溜车。

斗车卸车时应用铁钩钩住车架或以棍棒压住车座，严禁站在车架上掀车或用手、脚在斗车内扒卸石渣，几辆斗车同时卸车时，前后两车的距离不得小于 2 m，并严禁卸车人员站立在车前车后或两车之间，防止车辆移动挤压伤人。

在洞内施工地段，由机动车牵引列车，在视线不良的弯道上，或通过道岔和洞口平交道，运行速度不得超过 5 km/h；列车在同一方向上行驶，2 组列车的间距不得小于 60 m，列车制动距离，运物料不得超过 40 m，运送人员不得超过 20 m。

机动车牵引运输不得超载；车辆的装载高度不得超过车顶面 40 cm，装载宽度不得超过车宽；列车连接必须良好，机动车辆摘挂后，调车、编组和停留均应使用刹车工具；除了专用乘人车辆外，其他车辆不得搭乘人员；开车前要发出信号，运行中司机不得将头、手伸出车外。司机离开座位时应切断电源，取下制控手柄、扳紧车闸、开亮车灯。机动车的闸、灯、警铃、喇叭等设备必须要经常检查，保持良好。列车正常运行，机车必须在前端牵引，同时打开前后车灯，注意瞭望。严禁摘钩作业或拖挂运行。车辆接近或通过风门、道岔、施工作业地段、洞门以及遇障碍物时，要减速鸣笛。

【案例】大瑞铁路某隧道出口平行导坑，采用有轨运输，指挥人员违规站在车头或车斗中。存在人身伤害事故的危险，如图 5-3 所示。

图 5-3　指挥人员违规站在车头或车斗

机动车必须由受过专门训练的专职人员驾驶。司机必须严格遵守操作规程，坚守岗位。

专用运人车辆在发车前要检查各车的连接装置、轮轴和车闸是否正常；列车运行车速不得超过 10 km/h；乘车人员要听从司机的指挥，所携带的工具不得伸出车外；机动车和车辆之间严禁站人；车辆不得超员。

轨道旁堆放材料，距钢轨外缘不得小于 50 cm，高度不大于 100 cm，并应堆码稳固。

（二）无轨运输

双线隧道全断面开挖施工可以采用无轨运输，通常情况下使用的运输车辆应选用带净化装置的柴油汽车。

要经常对路面进行养护、保持路面平整。对于施工工期长的隧道，运输道路应铺设路面，以确保车辆安全运行。在洞内施工地段的正常行车速度不得超过 10 km/h，有牵引或会车时不得超过 5 km/h；在非作业地段有牵引时的速度不得超过 15 km/h，会车不得超过 10 km/h。

【案例】隧道Ⅱ线平导交通事故

(1)事故经过

隧道由Ⅰ线、Ⅱ线 2 条平行的单线隧道组成，2 单线隧道线间距为 30 m，分别由 A、B 单位施工。Ⅱ线平导开挖贯通后,5月初,由于施工安排,A、B单位需共用Ⅱ线平导(平导平均宽度4.5 m,平导内为双线轨道运输,轨距为0.9 m),为确保行车运输安全,双方共同制定了运输规则:B单位派3人在洞口值班,进出所有车辆必须经双方电话联系同意后,方准开行;特别是汽车进洞必须取得洞口值班员的行车命令,在指定地点会车,不见不散。同时规定联系电话B单位负责,A单位派3人在0号通道轮流值班。

5月26日7时25分,B单位汽车司机驾驶经改装的解放141汽车去工作面上班,该车进洞时无行车命令,洞口值班员明知矿车在洞内可能运行,也未布置待避或会让。A单位在0号横通道口将3节20 m^3 矿车装满,7时30分机车启动驶向洞口。车辆行至5号会车点时,能见度极低,行驶中双方发现对方,同时采取刹车措施。因两车间距不够,机车撞在汽车车头右侧,使汽车旋转90度,机车前轮被汽车顶跳道,造成汽车散架、报废,一人当场死亡、一人重伤。

(2)事故原因

①A单位内燃机车司机违章操作,大于规定速度行驶,遇有汽车没有及时采取措施,B单位汽车司机发现迎面开来矿车急忙采取鸣笛、倒车等措施,但因两车间距不够,造成撞车事故,是这次事故的直接原因。

②2个施工单位都没有严格执行事先制定的Ⅱ线平导运输规则有关车辆放行制度,是这次事故的重要原因。

③A单位调度值班员在没有与洞口值班员联系好的情况下便下达发车命令,仅布置司机鸣喇叭、亮灯光,控制车速15 km/h以内,严重违规,对造成事故负有主要责任。

④B单位洞口调度值班员冯朝元在给洞内联系电话无人接时,并知道矿车已在洞内运行,仍让汽车进洞是违反规定,对这次事故负有一定责任。

车辆在行驶中不得超车。会车时,空车让重车、重车要减速;斜井车辆行驶中下坡车让上坡车,两车厢间至少保持50 cm的安全距离。严禁超载。同向行驶的车辆,前后两车至少保持20 m的距离,洞内能见度较差时要加大间距。洞内车辆会车或发现前方有行人时应关闭大灯,改用小灯或近光灯。车辆启动前应注意瞭望并鸣笛进出洞口应鸣笛,但不得使用高音喇叭。洞内倒车与转向,必须开灯鸣笛或有专人指挥。进出洞人员应走人行道或靠边行走,不得与车辆或机械抢道,不准扒车、追车或强行搭车。

洞口、平道狭窄的施工场地,应设置缓行标志,必要时设置防护人员指挥交通。停放在车辆行车限界的施工设备和机械,应在外缘设置低压红色闪光灯,组成限界显示设施。

洞外卸渣场地应保持4%的上坡段,并应在渣堆边缘80 cm处设置挡木,危险倒车卸渣场应派人指挥,以防止在倒车时陷车或翻车。

二、运输作业安全要点分析

1. 运输作业应考虑下列危险源、危害因素:

(1)运输计划制订不当,车辆管理混乱;

(2)隧道运输最小行车限界不能满足,或临时设施、支援侵入限界;

(3)警示标志、联络信号设置不当,或有缺陷;

(4)进出洞人员不走人行道,不遵守有关安全规定;

(5)运输线路不按规定设置和养护;

(6)车辆装载不合理,超限、超载、偏载、捆扎不牢,人货混装;

(7)车辆运行时发生碰撞、擦剐、挤压等车辆伤害事故;

(8)载人列车缺乏安全保证措施，车未停稳上、下人员。

2. 应根据施工安排编制运输计划，运输作业时要根据施工安排制订出安全合理的运输计划，并编制安全运输作业的车辆运行管理规定，告知有关人员，进行全员管理，以加强运输调度。隧道施工有轨运输应设总调度台，统一协调安排运输设备；每列车均设调车员，负责单列车行驶中的协调指挥。隧道无轨运输作业时，洞内道路的规划要考虑运输车辆的种类、台数、车辆限界和对道路、退让场所、转向地点的设置，确保交通运输安全。

3. 隧道作业空间有限，隧道施工运输路线的空间必须满足最小行车限界要求，洞内有衬砌台架、机械设备、通风及风水电配管等重要设施和设备，一旦被装渣运输车辆等碰撞，就有可能造成事故，因此在洞口和台架、重要设施和设备等位置用夜光涂料和红灯易见标志警示。

【案例】2006 年 6 月 6 日 17:00，新建大理至丽江铁路北松坪 1 号隧道出口，施工单位自制的组合衬砌台架在拼装过程中突然发生倒塌，造成 3 死 2 伤。

4. 运输车辆不准超载、超宽和超高运输，不得人货混装。车辆行驶中应随时观察线路有无障碍和洞内其他设施、设备、临时支撑等有无侵入限界情况。

5. 进出隧道人员必须走人行道、不得有机械抢道。严禁扒车、追车或强行搭车。

6. 为保持运输线路或道路平整、畅通，以保证长期正常使用，必须设专人按标准规定的要求经常进行维修和养护，为了保证运输过程中的安全和文明施工，线路或道路两侧的岩渣和杂物应随时清除。在对轨道进行检查维护中，一旦发现轨道变形、位移，轨枕塌陷，道岔和调车设施的磨损变形等异常情况，必须及时处理，以确保轨道运输的安全畅通。

7. 轨道铺设质量的好坏直接关系到有轨运输出渣的工效及运输安全，必须设立轨道班组，按规范正确布置轨道。轨道铺设应尽可能做到直线平直、曲线圆顺、道床稳固。有轨运输线路铺设标准和要求应符合下列要求：

(1)钢轨类型应为 38～43 kg/m；

(2)道岔型号不小于 6 号的道岔，并安装转辙器；

(3)轨枕间距不应大于 0.7 m；

(4)道床厚度不应小于 20 cm；

(5)有轨运输设单道时，每间隔 300 m 应设 1 个会车道。

8. 有轨运输作业应遵守下列规定：

(1)必须按设计图进行轨道铺设，严格控制好轨距、线间距和线形；

(2)车辆装载应符合规定要求，机动车牵引不得超载；

(3)车辆行驶时，应与信号、指挥人员协调配合和加强信号联络；

(4)列车连接必须良好，机车摘挂后调车、编组和停留时，应有防溜车措施；

(5)2 组列车在同方向行驶时，其间隔距离不得小于 100 m；

(6)机动车牵引的溜车，在洞内施工地段、视线不良的弯道、通过道岔和平交道等处，其行驶速度不得大于 10 km/h，其他地段在采取有效的安全措施后，行驶速度不得大于 20 km/h；

(7)车辆运行时应加强瞭望，严禁在行驶中进行摘挂作业；

(8)载人列车必须制订保证安全的措施，列车行驶中和尚未停稳严禁人员上下。

9. 有轨运输作业中，电瓶车的使用应遵守下列规定：

(1)电瓶车司机必须经过专业培训和考核，并持证上岗，严禁无证驾驶；

(2)电瓶车作业前，必须对车辆的制动器、喇叭、灯光、连接装置等进行安全检查，确认完好后方可行车；

(3)电瓶车司机必须服从信号指挥，当信号不明确时不得擅自行车；

(4)电瓶车作业结束后，必须将机车制动，切断电源，拔出启动钥匙；停车位置应位于水平场地上，不得已需要停在倾斜地面时，必须采用可靠的防溜车措施；

(5)电瓶车牵引渣车的车辆编组应根据线路坡度、轨道状态、载重量等因素设计，确保电瓶车的安全制动距离；

(6)电瓶车的充电管理应设立专门的充电班组，并按标准规定的要求布置充电房和配置充电人员。

【案例】隧道运输事故

(1)事故经过

1991年3月18日，在侯月线云台山隧道出口平导内，2名工人扒乘电瓶车下班出洞，在场的有关干部、司机和调车员均未坚决制止，中途又遇上轨道接头不平顺使车辆强烈振动，2人被甩下，造成1人死亡，1人重伤。

(2)事故原因

①伤亡者违章扒车；

②有关干部与司机、调车员未坚决制止；

③轨道不平顺。

10. 采用无轨运输，要求洞内的内燃机械必须安装废气净化装置和消音设备；还可采取在燃油中加入"燃油添加剂"的方法，以促进柴油燃烧更为充分，从而降低内燃设备尾气排放的油烟浓度，同时须加强施工通风管理，确保洞内空气质量满足卫生标准要求。隧道无轨运输配套设备种类及数量较多，施工机械及车辆出入隧道频繁，加之洞内运输空间受限、照明亮度不足、空气质量较差等原因，容易引发运输安全事故。因此，必须加强施工机械运输调度管理，制订车辆管理办法，严格履行车辆的进场检验制度，加强机械设备的日常安全检查和维修保养，坚持定人定机与持证上岗，严格执行机械设备操作规程，严禁违章操作、违章指挥和违反劳动纪律，严禁酒后驾车与疲劳驾驶，严禁车辆设备带病运行。

隧道施工使用的运输车辆，灯光、制动、转向等安全装置必须齐全有效，并应根据需要安装倒车警报器等安全装置。隧道内安全通道、人行通道、作业地点、限速区间、临时停车地点、避车地点、转向场所等不安全因素较大的地方，应设置能使操作司机及作业人员明确识别的标识或标灯。

施工车辆严禁超过规定速度行驶，隧道内严禁超车，交会车时两车间的安全距离应大于50 cm，同向行驶的车辆，前后两车间的距离应大于20 m，洞内能见度较差时应加大距离。

【案例】隧道内车辆碰撞事故

(1)事故经过

2008年11月9日中午13时左右，隧道施工方的驾驶员驾驶东风牌自卸工程车，从鲁竹坝2号隧道一线洞内运渣向隧道出口方向行驶，与4名施工人员拉钢架的人力车在距洞口100 m处发生碰撞。将人力车撞翻，造成2人死亡，1人重伤，被送往湖北民院附属医院治疗。

(2)事故原因

运渣车车速过快，超出经理部规定的工地内5 km/h的限速，在发生碰撞时无法及时采取制动措施，导致事故发生。

综上所述，为了确保无轨运输作业，无轨运输作业应遵守下列规定：

(1)施工机械安全装置必须齐全有效，使用前及作业过程中应加强检查，按规定要求进行维修保养，保持机械状况良好与运输安全；

(2)施工机械应采用带净化装置的柴油机械，严禁汽油机械进洞；

(3)机械操作人员必须持证上岗，严格执行安全操作规程，严禁违章操作；

(4)施工作业地段的行车速度不得大于 15 km/h，成洞地段不得大于 25 km/h；

(5)隧道洞口、平交道口、狭窄的施工场地应设置慢行标志，必要时设专人指挥交通；

(6)车辆接近或通过洞口、台架下、施工作业地段以及前方有障碍物时，司机必须减速瞭望并鸣笛警示；

(7)在隧道内倒车或转向必须开灯鸣笛或有专人指挥。

第六章　支护加固与衬砌安全

第一节　支护加固安全技术及安全一般规定

一、施工支护加固安全技术

(一)支护分类

隧道支护分为永久支护与施工支护。

永久支护又称为衬砌，是关系隧道能否长期良好使用的主体建筑物之一，必须按照设计要求，确保圬工质量、中线及断面净空尺寸等符合规定。

施工支护又称为临时支护，是在隧道施工过程中，为了确保施工安全而设置的支护。根据开挖后隧道围岩的稳定情况，Ⅰ～Ⅱ级围岩一般在开挖后设置局部支护；Ⅲ级围岩为先挖后护，支护距开挖面为5～10 m；Ⅳ～Ⅴ级围岩为随挖随支护，即支护紧跟开挖面；Ⅴ～Ⅵ级围岩多为先支护后开挖，即在将开挖的地段事先在地层中设置支护。

施工支护的结构形式也因围岩的级别不同而有以下几种：

Ⅰ～Ⅱ级围岩仅在局部地段采用锚杆支护，有岩爆时则加挂钢筋网防护；Ⅲ～Ⅳ级围岩可选用锚杆、锚杆挂网、喷射混凝土或喷锚联合支护；Ⅴ～Ⅵ级围岩多采用喷、锚、网的联合支护方式，有时还须设置钢拱支撑。当采用分部开挖的施工方法时，可采用构件支撑。

在传统的矿山法施工中，施工支护常常在施作永久支护时拆除。近年来，多采用喷锚及钢支撑支护等作为施工支护，同时也作为衬砌结构的组成部分，这样既保护了围岩、提高了隧道的稳定性、方便了施工，又降低了施工支护的造价。

(二)构件支撑技术

构件支撑一般为钢支撑或木支撑，也有采用钢木混合支撑。

构件支撑的结构形式及其接头应简单牢固，易于安装与拆除，能多次倒用，并尽可能定型化。

1. 木支撑

选择支撑木料以强度高、韧性大、富有弹性、形状顺直、疵病少、无显著裂纹、含水率小于15%为宜，一般选择松木和杉木。疵病节疤过多或已经破裂、弯曲和腐朽的木料不能使用。木支撑的梁、柱等主要杆件的直径不应小于20 cm，跨度大于4 m时不应小于25 cm。

木支撑具有加工简易，架、拆和移动灵活方便，发生变形能及早察觉和加固便利等优点；但它吸水性强，在有水或湿度较大的隧道里易于腐朽，耐久性差，使用周期短，耗量大，且尺寸较大，占用坑道空间，妨碍机械作业和施工通风。目前在采用锚喷及钢支撑等作为施工支护时，要求隧道开挖中的支护尽量不用或少用木支撑。木支撑仅着重用于临时性的应急支护。

2. 型钢架支撑

型钢架支撑有2种：一是仅作为施工支护，如导坑中的支撑框架或漏斗棚架等，在衬砌前还要拆除，并继续倒用；二是既作为施工支护又作为衬砌结构的组成部分，为施工提供了极大便利。

3. 钢拱支撑

钢拱支撑是在开挖后架设的，要求直到衬砌完成以前必须能安全承载，因此应具有必要的强度和保持一定的间距，而且不产生下沉、变形、倾倒和扭曲等现象。

(1)材料、断面尺寸和间距。通常根据地质条件和开挖断面宽度选用钢拱支撑。

(2)钢拱支撑构件连接及底板。钢拱支撑构件接头是支撑的弱点，因此，根据施工条件，接头应尽量减少。目前单线隧道所用钢拱支撑，用于拱部时一般为 2 节，用于边墙则为 1 节。钢拱支撑各构件的连接系采用接头板或连接板并用螺栓连接。要求构造简单、连接牢固可靠。

为防止钢拱支撑受荷载下沉，在构件下端应加底板，以扩大基础受力面积。

(3)纵向联系及背板。2 排钢拱支撑之间，为使其互相牢固联系成整体，保证能充分承受隧道轴向力及爆破引起的震动，在纵向必须设置联系螺栓和纵向支撑。

系杆除在拱顶及拱脚处必须设置外，沿支撑轴线每隔 120 cm(或小些)均须设置 1 个。

背板是在钢拱支撑的外围，为防止周围岩块、土砂坍落而以木板、填塞木、钢板等做成的防护。一般木背板厚 1.5～3 cm，填塞木则采用直径为 5～9 cm 的圆木。

(4)格构钢架支撑。格构钢架制作简单，重量小，便于安装成各种形式的断面，能节约材料，而且能够很好地与网喷结合，形成钢筋混凝土结构体系，并与围岩形成一体，提高承载能力，既能作为施工支护又能作为永久支护的一部分，所以目前在我国的隧道现场得到广泛应用，特别是在较差的地层中施工时。

钢架、网喷钢架联合支护在以下几种情况使用：

(1)浅埋、偏压及自稳时间很短的Ⅴ、Ⅵ级围岩的隧道；

(2)土夹石、砂卵石及喷锚难支护的地层、早期围岩压力增长快和需要提高初期支护的强度和刚度的情况；

(3)断层、大面积淋水、湿陷性黄土、膨胀性岩体的地段，以及为了抑制较大的变形需要增强支护力时；

(4)设置超前锚杆需要支撑时。

4. 构件支撑作业安全技术

(1)基本规定

支撑的结构形式要简单牢固，并能多次使用；各杆件应结合紧密、受力均匀、易于架立和拆除，在更换杆件时不致引起整个结构的变形。

支撑架立之前，应将工作面危石清除干净，以保证作业人员的安全。要随挖随即设立支撑，并按要求的位置中线、水平和坑道断面尺寸架设；厢架面应与纵轴线方向垂直，与开挖面的距离应视围岩的稳定情况而定，一般不得大于 4 m，如围岩较为破碎，应予缩短或架至工作面。支撑间的距离，一般为 0.8～1.2 m；松软破碎地段应给予加密，支柱脚下的虚渣必须清除；特别松软地层应采用密排支撑，并加设垫板地梁，用木楔楔紧，先护后挖。各排支撑要用纵向联系横撑连接牢固，构成整体，横梁要抵紧岩壁，横梁以上及立柱与岩壁间的空隙应用木块背柴填塞密实，支撑净空尺寸应能满足设置管线路、运输道路及车辆、人行道的要求，且不能影响架立拱架，中途停工的隧道应将支撑架抵工作面。

各部支撑架立后应进行检查验收，确保架设质量和施工安全，并应经常检查，发现问题及时采取措施，防止发生意外。检查的方法：一般先看支撑是否变形，节点是否受力，构件有无扭曲、变形或折断；再看背柴和木楔是否紧密和有无其他不安全的情况；可以用小锤敲击，通过声音来判断；也可以采用目测中线和抄平的方法检查支撑有无位移变形。

支撑进行抽换、拆除时，应本着"先顶后拆"的原则，先设辅助支撑将横梁托稳后才能进行，防止围岩松动坍塌。

(2)木支撑的应用及其安全作业要求

木支撑的梁、柱等主要杆件，稍径不应小于 20 cm(跨度大于 4 m 时不应小于 25 cm)；其他连接杆件可采用 12～15 cm；木板材质应坚硬、富有弹性。禁止使用脆性、破裂、多节及腐朽木材；通常采用的支撑材料为松、杉等优质木材。

木支撑通常应用于导坑支撑、漏斗孔支撑、拱部扩大扇形支撑、下部支撑、洞口支撑等。

①导坑支撑。导坑支撑一般采用半框架式，这种支撑形式适应性很广，对Ⅱ～Ⅳ级围岩的双道断面及Ⅴ级围岩的单道断面均可采用。如地层松散、具有底压力或侧压力时，应增设底梁成为框架式支撑，两侧用填塞木封闭。如开挖的工作面随挖随塌不能自稳，可用支撑和木板将开挖面垂直封闭，然后自上而下分块挖除土石，边挖边分块进行第二次封闭。

②漏斗孔支撑。开挖漏斗孔时，对下导坑支撑要临时加固。松散地层中的漏斗孔宜采用框架支撑，并将框架外四周空隙填塞紧密。漏斗孔应加盖，防止掉石。供人员上下的孔道，应设置牢固的扶梯。

③拱部扩大扇形支撑。当拱部围岩较为松软时拱部扩大应采用扇形支撑。扇形支撑宜配合开挖分步架设，如围岩松散破碎且有较大地层压力时，则应采用横撑式扇形；若立柱、斜柱底部有较大沉陷时，则须加设底梁。扇形支撑的纵梁，应成组安排架立，长度必须一致，以免拆除困难。

④下部支撑。采用先拱后墙法施工时，为防止拱脚向内位移而发生裂缝，在洞口和较松散地层地段开挖中层或落底前，必须加设卡口梁，其架设方法是先在拱圈两侧起拱线以上约 0.5 m处钻眼，深入岩壁，插入短钢钎，安设卡口梁，卡口梁与钢钎要绑扎牢固。卡口梁两端还应用木楔楔紧，其间距一般为 1.0～1.2 m。在马口开挖过程中，应设置斜撑、立柱等支顶拱脚，并架设水平横撑对岩壁撑稳背紧，防止岩壁坍塌。曲墙地段仰拱开挖前，应加设横撑顶紧两侧墙脚，防止墙脚内移使边墙开裂，横撑间距一般为 1.0～1.2 m，仰拱混凝土达到设计强度的 70%才能拆除横梁。

⑤洞口支撑。洞口地段围岩一般不够稳定、容易坍塌，要特别注意加强支撑。洞口导坑支撑通常应向洞外架出 4～8 排明厢，在其顶部密铺背柴，并压以筐装弃渣或土袋，以稳定支撑，对防止仰坡落石起缓冲作用。明厢应加设斜撑，并延伸至洞内 4～6 m，防止洞内放炮时倾倒；上部扩大的明厢也需多设 2 排，并加固。

(3)钢支撑的应用及其安全作业要求

钢支撑的材料，一般选用工字钢、U 形钢、钢轨、钢管等，按设计要求预先制成构件，使用时焊接或栓接，其架立位置应于衬砌断面之中，并留有足够的混凝土保护层。钢架支撑下端应加设底板，如基底松软，为防止支撑受荷载下沉，也可用混凝土加固基底。各排支撑间应用纵向拉杆连成整体，如可能产生纵向荷载，应加设纵向斜撑、钢架支撑的外围应用背板、堵塞木、钢板、预制板等塞紧背严。

对半断面或全断面开挖所架设的钢架支撑已受力者不得拆除倒用，应作为混凝土衬砌的组成部分；对不受力的钢架支撑，应先经现场检查核实，并制订拆除措施才能拆除，以保证施工安全。

用钢管作为不拆除的支撑时，应在架设后向管内灌注强度不小于 C30 的水泥砂浆，以增加其结构的稳定性和承载能力。

花拱支撑是常用的一种钢架支撑，它是以钢制花拱代替扇形木支撑；同时，在衬砌中花拱可不拆除，作为拱圈混凝土骨架，起到加固衬砌的作用。因此，在不良地质、地压大、有明显偏压或施工中出现较大坍方的隧道中得到广泛使用。

(三)喷锚支护

在以往的绝大多数隧道施工支护中均采用喷锚支护；但是在高速铁路隧道中，由于横断面较大，受力比较复杂，且列车运行速度较高，隧道维修有一定的时间限制，复合式衬砌和整体式衬砌比喷锚衬砌安全，且永久性好，故一般不采用喷锚衬砌作为最终支护结构。

1. 喷锚支护的形式及其安全作业要求

喷锚支护既可以作为临时支护也可以作为永久支护。当Ⅱ～Ⅲ级围岩需局部支护时，宜采用锚杆，为防止岩爆和落石可用锚杆挂网；Ⅲ～Ⅳ级围岩可选用锚杆、锚杆挂网、喷射混凝土或锚喷联合支护；Ⅴ～Ⅵ级围岩一般采用锚喷、网喷的联合支护形式，必要时加设钢拱架。

对于软弱围岩一般分2次完成。初期支护应紧跟开挖施工，为防止围岩变形坍塌，要求速度越快越好，使围岩及早与喷锚支护共同作用，不产生松弛。至于二次永久支护的时间，则要等到围岩变形基本稳定后再进行，一般应掌握变形不大于4～10 min。如过早地进行第二次支护，将会使其受力过大而破坏，二次永久支护的形式可为喷锚联合支护，也可以为立模灌注混凝土衬砌。

采用喷锚支护必须严格实行光面爆破，使平均超挖量能控制在10～15 cm以内，个别欠挖不大于支护厚度的1/2，且表面光滑平顺，不出现危石，消除了集中应力，也能发挥喷锚支护的作用。

喷锚支护时，如作业面涌水，会使喷层剥离围岩，应采取埋设导水管疏导涌水的措施，做好排水处理。

喷锚支护作业中安设钢筋网时，应互相搭接，其长度不应小于10 cm；钢筋网应随岩面铺设，与岩面间的空隙一般不小于30 mm，使混凝土能充填密实；钢筋网应与锚杆连接牢固，使喷射时不致颤动，影响喷射质量。

喷锚支护之后，应按照规定的监控项目和要求，布置测点，观测数据。施工人员应会同设计人员对测试资料进行分析，据以确定永久支护施作时间和对设计参数做必要的调整。

【案例】2010年3月8日凌晨零时15分，石武高铁黄陂木兰隧道进口处进行喷锚支护施工，拱顶上方3块巨石突然坠落(当地连续多天阴雨连绵，且山体岩石破碎)，将钢拱架和喷锚台砸坏，事故造成2人死亡、2人受伤。图6-1为石武高铁黄陂木兰隧道事故现场。

图6-1　石武高铁黄陂木兰隧道事故现场

建工电〔2010〕31号电报通报，取消施工单位2个项目投标资格，监理单位1个项目投标资格。信用评价扣分：10分。

2. 喷锚支护作业安全技术

作业前应认真检查项目：喷锚地段的危石是否处理；用高压水冲洗岩面是否符合要求；能否使喷层与岩面密贴；脚手架平台是否牢固可靠；是否设置防护栏杆；照明是否符合要求；作业范围是否布置警戒人员等。

采用干式喷射法喷射混凝土时，应坚持采用防尘措施：工作面应设置防尘水幕；加强施工通风，降低粉尘浓度；由于水泥和速凝剂对皮肤有腐蚀性，工作人员要加强个人防护，喷射手应佩戴防尘面罩、防水披肩、防护眼镜、防尘口罩、乳胶手套；其他工作人员也应配戴防尘口罩等防护用品。

对所需的喷射机械必须实行“三定”制度（定机、定人、定岗位），认真执行安全操作、保养和交接班制度。

喷射机械设备应布置在安全地段，喷射机注浆罐、水箱、风包等均应安装压力表、安全阀，并在使用前进行耐压试验，合格后方可使用。

搅拌输送车卸料地点及喷射作业场地要做到机械布置合理，运输道路畅通，风、水、电位置合理，线路顺直，互不干扰，管线路应不漏风、不漏水、不漏电，场地整洁无积水。加强交通管理，防止人员与车辆互相干扰而发生事故。

向锚杆孔压注砂浆，压力应保持在0.2 MPa左右，并密切注视压力表，如发现压力过高，应立即停风，排除堵塞。注浆管喷嘴严禁对人放置，在未打开风阀前，不得搬动或关启密封盖，以防止高压喷射物喷出伤人。

喷射机应先给风、再开机、后送料。结束时待料喷完，先停机、后关风。工作中应经常检查输料管、出料弯管有无磨薄击穿及连接不牢的现象，发现问题应及时处理。当喷嘴不出料时，检查输料管是否堵塞，但一定要避开有人的地方，防止高压水、高压风及其他喷射物突然喷出伤人。

喷锚作业中的事故，多数时由于掌子面产生表层岩石坍落，或由于喷射混凝土硬化不充分，产生剥落掉块而造成的。另外，由于锚杆钻孔的操作比较复杂，容易产生接触性事故，在注浆和插锚杆时，常用不正确姿势作业，造成跌倒和坠落事故。因此，施工中应指定检查人员，随即进行检查，指挥操作人员操作。

【案例】擅自改变工序导致隧道伤亡事故

(1)事故经过

1985年10月1日，在大秦线军都山隧道3号斜井副井距井口487 m处进行掘进作业时，发现距掌子面2 m顶部有3组不规则节理，当即布置8根间距1 m的锚杆，正当向外拔杆时，顶部突然发生落石，砸中正在施工的工人，造成1人死亡、1人重伤、1人轻伤的多人伤亡事故。

(2)事故原因

①施工负责人擅自改变施工程序，把开挖后紧跟的喷混凝土工序，由每循环喷1次混凝土改为2个循环喷1次混凝土，没有采用光面爆破，也未做好围岩测量。

②采取措施不力，当发现有3组不规则的节理，只布置8根间距为1 m的锚杆。未再认真观察，并采取其他可靠防护措施。

在进行钢支撑支护时，应按高处作业要求，制订作业计划。根据作业环境，选定起吊设备，按作业程序对构件倒塌、歪曲、落石掉块、人员坠落等不安全因素，制订相应的安全措施，并设专人指挥、检查。

在平台上工作时，上下传递、运输物料必须确定联络信号，严禁抛掷。

在喷锚支护施工中，应按设计参数要求，建立严格的检验制度，以确保锚杆深度、锚杆间距和注浆符合要求；确保喷射混凝土的设计厚度、强度和表面形状要求；确保钢筋网间距位置、接头尺寸、保护层厚度和黏结力要求。当发现已锚区段的围岩有较大变形或锚杆失效时，应立即在该段增设加强锚杆，其长度应大于原锚杆长度的 1.5 倍。在不良地质隧道中施工，应有钢架支撑备品，必要时应用钢架支撑加强支护。

当发现测量数据有不正常变化或突变、洞内或地表位移值等于或大于允许位移值、洞内或地面出现裂缝以及喷层出现异常裂缝时，均应视为危险警告信号，必须立即通知现场作业人员撤离现场，待制订处理措施后才能继续施工。

(四)模筑混凝土衬砌技术

为了不使开挖后的围岩暴露过久而引起风化、松动和坍塌，应及时修筑永久衬砌。目前绝大多数隧道仍采用模筑混凝土衬砌。

依据隧道开挖方法的不同，衬砌施工分为先拱后墙或先墙后拱 2 种方式。在全断面开挖时，则应尽量使用金属模板台车，或临时拼装的灌注混凝土整体台架。

模筑混凝土衬砌施工的主要工作有：准备工作，混凝土的制备与运送，灌注作业，养护和拆模。必要时还应在成洞地段向衬砌背后压浆。

1. 拱架、墙架和模板

(1)拱架和拱模板。拱架是拱圈混凝土尚未凝结硬化到一定强度前的承重结构，它不仅要安全地承受拱部围岩压力、衬砌自重以及施工操作所产生的荷载，还要保证衬砌轮廓的形状和尺寸。因此，它必须具有与受力状态相适应的强度、刚度和稳定性；同时要求其坚固耐久，能多次倒用，少占施工净空，拆装运输方便。

目前普遍采用的钢拱架大多以钢轨或型钢制成，由于加宽值的不同，单线隧道拱架的制造分为甲、乙 2 种：甲种按直线断面 $W=10$ cm(包括施工误差每侧各 5 cm)制造，简称为直线钢拱架；乙种按曲线断面 $W=50$ cm 制造，简称为曲线拱架。为适应不同的加宽值，每榀钢拱架还配有与拱架同型的短节钢材共 3 块，各长 10 cm、20 cm、30 cm，称为加宽垫块。单线钢拱架一般分成 2 节，多用钢轨(≥38 kg/m)或高度大于 150 mm 的工字钢制成。双线隧道钢拱架一般分成 3 节，用钢轨(≥43 kg/m)或高度大于 200 mm 的工字钢制成；三线隧道钢拱架一般分成 5 节，用钢轨(≥50 kg/m)或高度大于 250 mm 的工字钢制成。

【案例】大瑞铁路某隧道采用的拱架连接板尺寸不足，设计 196 mm×240 mm，实测 190 mm×160 mm。如图 6-2 所示。

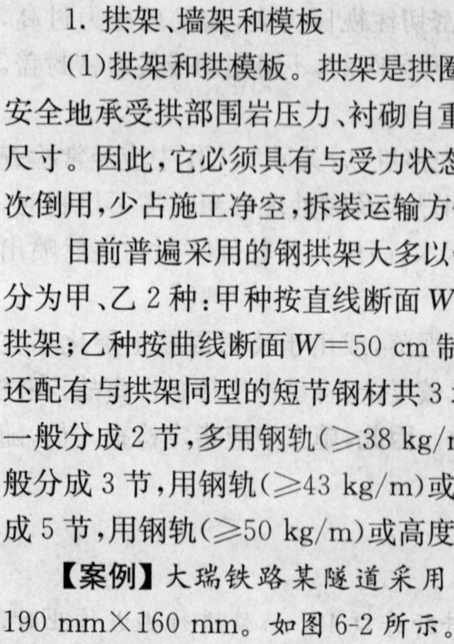

图 6-2 拱架连接板尺寸不足

钢拱架在使用前，必须逐榀放置到样板台上，上好夹板螺栓进行校核，然后将构件和配件编号配套，以免使用时发生混乱。

拱模板常以钢板并在背面加焊角钢制成，它应有一定拱度以满足拱架弧形的需要。每块钢拱模板的长度为 1 m，宽度一般为 30～50 cm。

(2)墙架和墙模板。墙架用于灌注混凝土边墙，以前多为木制，要求结构简单、牢固，能承受衬砌荷载，且尺寸定型，便于装拆不阻塞运输。

墙架形式因施工方法不同有双侧边墙同时灌注的直墙式墙架，还有仅灌注单侧边墙的直墙式墙架。灌注曲墙时，则加架弧形墙架。当不能安设跨越隧道断面的水平横撑时，可将墙架立柱用锚杆或镀锌铁线与边墙后岩壁连接牢固。

墙模板与拱模板基本相同，现较多采用钢模板。直墙用直模板，曲墙用曲模板，有时也可用拱模板代替。

采用顺开法开挖马口时，可采用滑动提升模板，同时应采用半干硬性混凝土。

(3)拱墙架的架立。

①先拱后墙法施工时，拱架架立方法按以下步骤进行：(a)检查开挖断面尺寸，并做好记录，符合要求后才能架立拱架。(b)在首尾两排拱架位置处，根据测量的中线和衬砌净空的宽度(考虑施工误差)，放出拱架处的十字线。根据水准基点高程(应考虑施工误差)，预留沉落量。(c)整平拱脚地面，在两边拱脚部位铺设纵向卧木，其位置应由中线与水平高程来控制安放，并用石渣填塞稳固。根据拱架间距，可在卧木上用扒钉标上位置，据此架立拱架。(d)拱架就位后，立即用螺栓拧紧夹板。纵向可用长螺栓将各排拱架连成整体。经检查牢固无误后，即可安设模板灌注混凝土。

②先墙后拱法架立拱架时，一般是采用立柱支撑法。此法有 2 种方式：一种是当边墙混凝土达到要求强度后先拆模板，待灌注拱圈时，重新按照拱架间距，在两侧边墙处架立柱、横梁、纵梁，再按先拱后墙法步骤架立拱架。这种方式的边墙模板倒用较快，但要 2 次架、拆，颇费工时。另一种是利用原边墙模板的立带、立柱(故立带应按拱架间距位置及相应的高度架设)，其上架横梁、纵梁，立拱架及模板，并在横梁下设人字撑，可作为灌注边墙与拱圈混凝土的工作平台。立带(柱)尺寸应不小于 15 cm×15 cm。横梁直径应不小于 20 cm。此法只需 1 次架、拆，但边墙模板倒用受到限制。

拱圈和边墙模板在倒用时，应注意尺寸型号要配套，并经常修整，以便保证混凝土衬砌表面平顺光滑。

③墙架的架立。架立墙架前须找平基底，处理杂物和排除积水。先墙后拱法墙架的立柱应根据隧道底所钉中线柱，向左右两侧测量出其立模宽度进行架设；先拱后墙法则可利用已灌注好拱圈混凝土的拱脚，下吊垂线并用底部中线复核后，再行架设，曲边墙应留好仰拱拱座。

2. 混凝土衬砌施工

(1)混凝土施工一般要求

①施工准备。施工放样的中线、高程和断面尺寸都应在灌注前重新核对正确。拱圈与边墙的纵向端头外露处，立模时应设置预制成型的挡头板。木支撑侵入衬砌截面时，要尽可能拆除。

②拌和与运送。对混凝土拌和用的各种材料和添加剂，都应按要求进行质量合格鉴定，选好配合比和水灰比，各种材料还要有一定的储备量。

混凝土用料应严格称量，以保证配合比正确。采用机械拌和时，每次拌和时间约为 1.5～2.5 min，以拌和均匀、色泽一致为度。盛混凝土的容器不能漏浆，运送时间一般不应超过 45 min，以防混凝土初凝。

③灌注与振捣。混凝土入模的自由倾落高度，应保证其不发生离析，一般不应超过 2 m。

灌注拱圈应左右两侧对称分层进行，当使用插入式软轴捣固器振捣时，分层厚度一般为 30 cm；两侧灌注高差最大不超过 50 cm。振捣时捣固器应插入到前一层内的一定深度。拱圈的灌注层面要成辐射状。

灌注混凝土应连续进行，若必须终止时，则不应超过混凝土的初凝时间，否则应做间歇灌注处理。

④衬砌背后的回填和排水设施。衬砌背后空隙部位应随同衬砌同时回填密实，但回填片石不应侵入衬砌截面以内。衬砌如设计有暗管、暗沟或盲沟等排水设施时，应及时按要求做好，回填时切勿堵塞。

⑤支撑替换。支撑替换是在先拱后墙法施工中常遇到的问题。若拱部受力很大支撑不能拆除时，则必须进行支撑替换工作。支撑替换的原则是先顶后拆，不使围岩松动。

⑥间歇灌注的处理。因特殊原因（如停水、停电、坍方、缺料等）拱圈混凝土不能连续灌注而必须间歇灌注时，应将混凝土表面做成辐射状，其间歇时间应根据水泥凝固时间及水灰比和混凝土硬化条件等情况而定。当无试验资料时，塑性混凝土最大间歇时间不应超过 2 h；干硬性混凝土不应超过 1 h。若间歇时间超过上述规定时，则必须待混凝土强度达到 1.2 MPa 后，才允许继续灌注。在继续灌注前应将混凝土表面凿毛、洗刷干净，并铺一层厚 1～5 cm 的水泥砂浆，以保证新旧混凝土结合良好。

⑦拱节连接缝处理。拱圈混凝土分段灌注所形成的工作接头缝，称为拱节连接缝。它是拱圈的薄弱环节，常常因处理不当而使接头缝处的混凝土裂开、渗水以致毁坏。因此，在灌注下一节拱时，应先将接头处混凝土表面凿毛、洗刷干净后再灌注。每节端头要用垂直挡头板封住，注意不要漏浆。在地质松软、围岩压力较大地段，可预埋短钢筋或钢钎以加强连接。

⑧封顶。拱圈混凝土均自两侧拱脚由下而上灌注，当灌注到顶部中间距离剩 0.8～1.0 m 宽时，就要进行封顶工作。封顶分为活封顶（又叫刹尖）和死封顶 2 种。

混凝土由两边对称灌注至拱顶，随拱圈前进方向边灌注边沿纵向封口，这种方法称为活封顶。

活封顶当混凝土由两端相向灌注到连接处时，在拱顶中央形成一个缺口（一般 30～40 cm），然后用混凝土堵塞这个缺口的方法称为死封顶。死封顶应尽量选在围岩较好、无超挖的地点。死封顶的方法是在所留缺口的四周架立挡头板，待四周混凝土灌注完毕 24 h 后，拆除四周挡头板。根据缺口尺寸，特制一个内径与缺口相同的活底木盒。封顶时将盛满经捣固后的混凝土的木盒放在缺口下面，并用千斤顶将混凝土顶入缺口内。

⑨养护与拆模。一般隧道内空气的相对湿度大于 90％时，不洒水养护；相对湿度在 60％～90％时，应洒水养护不少于 7～14 d，相对湿度小于 60％时，洒水养护 14～21 d。凡对抗渗性要求高、掺有塑化剂以及水泥品种采用火山灰质或矿渣水泥者，都应按上述养护期的较长天数进行；只有采用普通水泥而无特殊要求者，才按较短的养护期养护。

拆模时间应按混凝土达到设计强度的情况决定。不承重模板和端头挡板，如直墙、水沟和电缆等，一般达到 2.5 MPa 时拆模；承重模板如曲墙和单线隧道的拱圈等，达到设计强度的 70％以上时方可拆模；围岩压力很大的单线、双线和多线隧道的拱圈，都应达到设计强度的 100％才能拆模。

(2)各部位施工的要求

①拱圈。先拱后墙法中，拱脚地基松软可能引起较大沉陷时，应根据具体情况采用下列措施：如加大拱脚截面；夯填碎石层；加铺纵横方木和横向木板；在混凝土截面内纵向设粗钢筋或小钢轨；在横向岩壁上打短钢轨或设置锚杆；在严重松软地段采用挖井法先做部分立柱式边墙以支撑拱脚。

②边墙。在先拱后墙法中，由于拱圈已经完成，边墙顶部与拱脚间有一个封口的工序，在距拱脚高为 7～10 cm 时，边墙应停止灌注，经 24 h 后，再用坍落度较小的同等级混凝土认真捣固密实进行封口，以免混凝土固结硬化时产生裂缝。

边墙部位设有大小避车洞时，宜与边墙一并施工；如围岩不稳定有坍塌可能时，可先做好避车洞前后两端边墙，再做避车洞。

③底部。(a)仰拱。仰拱拱座应在曲边墙施工时同时做好。仰拱灌注时须保持洞内运输畅通，并采用分段间隔作业。灌注仰拱宜用低塑性混凝土，并由仰拱中心向两侧灌注至拱座。仰拱填充可在检查仰拱断面及厚度合格后进行，但不能使填充的低强度等级混凝土侵入仰拱截面以内。(b)隧底。隧底灌注即铺底，厚度为 10 cm。为了使圬工结合良好，其灌注施工一般在墙拱主体衬砌及水沟、电缆槽完成后进行。隧道铺底顶面应根据轨顶高程控制，以保证纵横向坡度正确和表面平顺光洁。

短隧道铺底，可从洞内向两端洞口分别进行，以利用轨道运出检底弃渣并运入铺底混凝土材料。有平行导坑的隧道，铺底时，常在 2 个横通道之间作为灌注段施工；长隧道的铺底，常在前后 2 副道岔之间保持一股轨道作为施工运输，同时拆除另一股轨道先铺隧道宽度的一半，待混凝土强度达到允许荷载时，恢复已拆股道，换拆另一股道完成其余一半的铺底。

3. 施工机械及设施

(1)混凝土灌筑机械。通过管道压送混凝土的灌注机械有混凝土浇注机和混凝土泵。

混凝土浇筑机，又称为混凝土压气输送器，它以压缩空气为动力。在其顶部将搅拌好的混凝土装入钢罐，从上方压入压缩空气，把混凝土压入输送管道送至浇筑工作面。由于采用压缩空气为动力，为使风压和风量稳定，应在管路开始处设置储风筒。

混凝土泵是以活塞推动混凝土进入管道输送至浇灌处，混凝土泵的生产率为 20～40 m^3/h，水平运距可达 300 m，垂直运距可达 40 m。

使用混凝土浇筑机与混凝土泵时应注意：①粗集料尺寸应不大于输送管路内径的 1/3。水灰比一般采用 0.5～0.6；用混凝土泵时坍落度不大于 10 cm，用浇筑机时坍落度约为15 cm。②管路要顺直，安装良好，不漏气。③输送混凝土工作压力一般为 0.5～0.6 MPa，如发生堵管，应立即停泵检查处理。

(2)混凝土运输机械。洞内移动式混凝土搅拌站，因占用洞内空间，并产生大量粉尘，故很少采用，多在洞口设置半固定式混凝土搅拌站(厂)。把洞外搅拌站搅拌好的混凝土运入洞内，当运距较长时，为避免混凝土离析或凝固，应采用混凝土搅拌运输车。

按照隧道的运输方式，可采用轨行式或轮胎式混凝土搅拌运输车。

(3)全断面金属模板台车。台车车架是灌注混凝土时的工作平台，并用以支撑钢模，通过液压操纵对钢模进行装拆。

模板台车可分为穿行式和平移式 2 种。

穿行式模板台车由数套(一般为 3 套)模板与台车的一套移动装置组成，车架与模板可以完全脱离。台车就位灌注混凝土后 12 h，可撤走支承车架，仅用模板支承已灌注的衬砌；台车后退至已养护到一定强度的上次灌注部位，用车架拆下模板；然后通过养护地段前进至待衬砌部位，架立模板进行衬砌施工。这种形式的模板台车，能加快衬砌速度，但设计时应注意拆除模板收拢后台车能穿行已衬砌地段。

平移式模板台车只有一套模板，与移动装置固定在一起。台车就位灌注混凝土后，须经养护至规定强度后才能自行拆模前移。

台车走行轨道中线应与隧道中线重合，两侧轨面应为水平。台车就位前要先灌好边墙基础，就位后要检查中线及水平，确认无误后才能固定。每次脱模后均应清洗整理模板并涂脱模剂才能再用。

(4)混凝土搅拌站(厂)。混凝土搅拌站(厂)多设在洞口，具有场地宽敞、易于布置、不污染隧道等优点。

混凝土搅拌站由一定数量的混凝土搅拌机及有关设备组成。小型的自动化搅拌站每小时能生产 6 m^3 混凝土。

自动搅拌站的砂、石分别堆集于储料仓内，通过电钮启闭料仓底部的活动门，使砂、石骨料分别经由胶带运输机运至进料斗计量后进入拌和机。水泥由电动卷扬机通过吊笼提升至平台，人工配合拆包倾入进料斗，再经过分料槽到各台搅拌机。各搅拌机自动加水搅拌后将混凝土卸入混凝土输送车，运送至浇灌处。

二、支护加固安全一般规定

(一)施工支护

1. 支护与加固作业应考虑下列主要危险源、危害因素：

(1)临时用电不符合要求、工作面光照度不足；

(2)找顶不彻底；

(3)围岩变形超限失稳、上一循环支护强度不足、工作面坍塌；

(4)高空作业台(支)架失稳、安全防护失效；

(5)施工机具失稳及安全性能缺失、下降。

2. 隧道支护施工作业面用电应符合临时用电的要求，其照明应满足安全作业的需要。

3. 隧道支护每项工序施工前应对作业面进行检查，清除松动的岩石和喷射混凝土块。

【案例】中铁某局施工的太中银铁路吴堡隧道三号斜井，由于上一循环排险不彻底及随机加固锚杆施作不及时，于 2007 年 4 月 30 日 15 时左右，在施工钻孔炮眼中，左侧拱腰处一块长约 5 m、宽为 1.2 m、厚为 0.8 m 的岩石落下，将在隧道左侧施工的 5 名工人砸倒，造成 4 人死亡，1 人轻伤。

4. 隧道支护必须按初喷→架设钢架(钢筋网)、复喷→锚杆的程序施工。在爆破、找顶后，应立即初喷射混凝土封闭围岩。

【案例】南广铁路黎塘西至肇庆段某隧道进口，钢拱架钢筋网安装前未进行初喷，存在安全隐患，如图 6-3 所示。

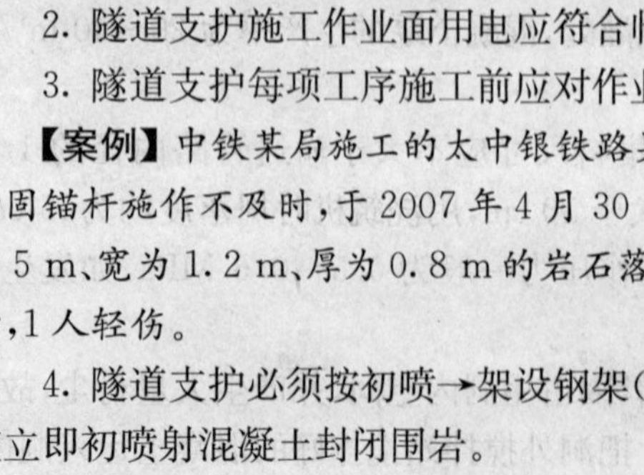

图 6-3 钢拱架钢筋网安装前未进行初喷

5. 隧道施工质量必须达到有关标准规定的要求。超前支护应在完成开挖工作面的加固后进行，每循环之间应有足够的搭接长度与初期支护有效连接。

【案例】工序质量不良造成隧道坍方

(1)事故经过

2003 年 5 月 12 日，隧道掌子面正在对下半断面接拱，同时另一班在对右侧边墙进行补强施工，测量组正在 DK21＋42 处测量。21:35 在 DK21＋47.5 处，腿脚下出现一条向上约 1.5 m 的环向小裂缝，且不断向上发展，21:55 该处裂缝发展至拱顶，缝宽 1～2 cm，同时该处腿脚向隧道内侧滑移，在 DK 21＋41.4～＋47.5 处范围内拱腿衔接处出现一条纵向裂缝。21:50 测量组在 DK21＋42 处测量，发现测量数据急剧变化，在 5 min 内累计收敛 5.59 mm，从 21:50 开始，21＋47.5 出现的纵向裂缝变大并向 DK21＋50.7 方向发展，到 22:10 时，DK21＋41.4～＋47.5 边拱被挤出、拱部下塌，顺带把 DK21＋47.5～＋50.7 处边墙带出。未造成人员伤亡及设备损伤。

(2)事故原因

①在 DK21＋43.5～＋50.7 右侧有 7 榀钢支撑腿脚悬空。

②锁脚锚杆没有起到作用(长度不够、焊接质量不合格、未注浆)。

③连接钢筋未起到作用(主要是焊接质量问题)。

④喷射混凝土厚度不够。

⑤连接板上的螺栓未上齐全，甚至 DK21＋50.7 处连接板无螺栓孔，并且在未上齐全的情况下也未保证焊接质量。

⑥开挖时右侧边墙出现了小坍方，边墙回填混凝土不够密实，留有空洞。

(3)事故教训和防范措施

①完善工作责任制和安全质量责任制，真正明确、落实每个人的工作责任和安全质量责任；

②建立完善的质量检查验收制度，对每种作业、各道工序均事先设定质量控制点和验收关，指定专人负责控制验收；

③采取定人定岗定部位和完善工作日志等手段，实现质量责任的可追溯性，使质量责任追究制度能真正落实；

④加强施工方案的动态管理，做到“石变我变”，确保安全施工，同时加强技术交底和技术培训，使操作人员均能知道和达到工作标准。

6. 施工作业台(支)架应按要求设计、检算与审核；台架应牢固可靠，四周应设置安全栏杆、安全网和上下工作梯，经验收合格后方可使用。

7. 特殊地质条件的隧道，应根据具体地质情况采取超前支护、预加固处理和安全保障措施。

8. 监理单位应重点检查下列工作：

(1)施工作业台(支)架的设计、检算与审核程序；

(2)各类作业台架使用前的验收程序；

(3)审批超前支护和初期支护的施工方案；

(4)锚杆数量与施工质量(砂浆饱满度、抗拔力)；

(5)验收喷射混凝土厚度、强度，钢筋网及钢架垂直度、间距；

(6)管棚、超前小导管、超前锚杆的施工质量；

【案例】兰渝铁路某隧道出口掌子面附近未施作超前小导管(设计要求 ϕ42 mm 超前小导管每根长 4 m，环向间距 50 cm，搭接长度 1.6 m)，存在严重的施工质量问题和安全隐患。

(7)预注浆加固围岩与止水的效果。

9. 施工单位应按设计和工艺流程施工，负责各工序的安全检查，每次支护作业均应进行安全检查。

10. 衬砌所使用的脚手架、工作平台、跳板、梯子等应安装牢固，不得有露头的钉子和突出的尖角；其承受的重量不得超过设计要求，并应在现场标明；靠近轨道一侧应有足够的净空，以保证车辆、行人的安全通过;脚手架、工作平台上应搭设高度在1 m以上的栏杆;底板要铺设严密,木板的端头要搭在支点上,严禁探头板的出现;不得用边墙架兼做脚手架。

【案例】2006年6月6日17:00左右,新建大理至丽江铁路W8标段中铁八局集团公司施工的北松坪1号隧道出口,因自制的组合钢模架在拼装过程中突然倒塌,造成3死2伤,构成三级重大安全事故。

(二)衬砌

1. 衬砌作业应考虑下列主要危险源、危害因素:

(1)临时用电不符合要求,作业面光照度不足;

(2)衬砌时机选择不当、与开挖工作面距离过长;

(3)高处作业台(支)架失稳、安全防护失效;

(4)施工机具安全性能缺失或下降;

(5)电线路短路,防水板施工引发的火灾及有毒、有害气体。

【案例】2007年7月13日6:30时,武广客运专线牛岭隧道进行矮边墙施工的施工人员发现后方防水板台架上有烟雾,台架上电路冒出黑烟,试图用木棍挑断电线,但没有成功,随后台架起火,冒出浓烟,人员无法接近起火处,当即剪断电线,切断电源。火情发生后,浓烟迅速扩散到掌子面,造成被困人员呼吸困难,部分人员出现眩晕现象,所幸未造成人员死亡。

2. 衬砌施工作业面用电应符合临时用电的要求,其照明应满足安全作业的需要。

3. 一般地段隧道施作衬砌应在围岩和初期支护变形稳定后进行;在浅埋、偏压、围岩松散破碎等特殊地段和洞口段应尽早施作衬砌。

4. 在软弱、破碎、高地应力、大变形的围岩地段,仰拱应随开挖及时施作,尽快形成封闭环,并超前于墙拱衬砌;同时应合理确定于开挖和衬砌作业面的距离。仰拱与掌子面的距离:Ⅲ级围岩不得超过90 m,Ⅳ级围岩不得超过50 m,Ⅴ级及以上围岩不得超过40 m。

5. 衬砌作业台架下预留通行作业人员、施工车辆以及安设风、水、电线路或管道的净空,应满足洞内车辆和人员安全通行的要求。

6. 衬砌作业台架应有足够的强度、刚度和稳定性,衬砌台车、台架组装调试完成应经验收合格方可投入使用。

7. 衬砌作业台架、仰拱施工栈桥的移动,应有专人指挥,慢速移位,工作区严禁非作业人员和车辆通行、停留;非作业人员、设备、材料、工器具等应撤离到安全地点。

8. 衬砌作业台架、作业平台四周应设置安全栏杆、密封式安全网、人员上下工作梯,衬砌台车及防水施工作业台架还应配置灭火器,经验收合格方可投入使用。

9. 衬砌作业台架、作业平台上的各类设备有绝缘保护装置,电线路还应符合洞内临时用电要求。

10. 运输机械应按规定线路及限行速度行驶,过往台架、栈桥时应加强瞭望,倒车作业应有专人指挥,驻停时应有制动措施及安全警示标志。

11. 每项衬砌作业完毕后应及时清理作业场地、消除安全隐患,保持作业场地清爽、通行无碍。

12. 要加强机械设备的安全使用与管理。机械的转动部分要有防护罩;移动、修理机械和管线路时,应先停机并切断电源或风源。使用混凝土搅拌机、输送泵、压浆机、灰浆泵等机械时,要建立岗位责任制,并制订安全操作细则,严禁违章作业。

13. 吊装、拆除拱墙架、模板时，工作地段应有人监护；洞内作业地段卸材料时，人员和车辆不得穿行。

【案例】隧道掌子面后方塌方

2006 年 7 月 6 日 5 时 10 分，黔桂线扩能改造工程螃蟹冲隧道出口突然发生坍方，6 名施工作业人员被困洞内。经紧急抢救，被困人员于 7 月 9 日 17 时 55 分全部救出。

2007 年 1 月 7 日，武广客运专线高岭隧道进口施工掌子面后方 30 m 处，11 m 长段落急剧变形，停止开挖进行加固处理。加强后，变形继续加大，部分地段开裂。3 月 13 日，日平均拱顶沉降 14 cm，部分地段开裂严重，临时支撑严重变形。为控制和减小变形，部分地段及时施作二次衬砌、钢管扇形支撑，变形仍在继续，至 3 月 25 日，部分地段地表最大沉降 132.2 cm，拱顶最大沉降 119.6 cm。至 3 月 26 日部分初期支护混凝土开始剥落、掉块，随后开始坍塌，至 3 月 27 日洞顶地表塌方，形成长 15 m、宽 10 m 的陷坑。

2007 年 9 月 2 日凌晨 3 时 25 分，合宁铁路亭子山 2 号隧道在拱部初期支护侵限部位换拱作业时发生局部塌方，5 名工人被埋。当时，共有 23 名工人在该区域作业，上方土体突然坍塌，将 5 名换拱作业人员埋没，18 名工人及时安全撤出。亭子山 2 号隧道全长 1 635 m，已于 2007 年 8 月 28 日上导贯通，坍塌长度约 6 m，总坍塌土方量约 1 000 m^3，9 月 19 日搜到遇难者尸体。

2007 年 9 月 30 日 17 时，兰青二线八盘峡 2 号隧道塌方，造成 8 名施工人员被困，经各方努力营救，人员全部安全生还。

2007 年 7 月 15 日下午，郑西客运专线南山口隧道斜井正洞施工至 DK69＋173 时，初喷射混凝土过程中掌子面左上角出现掉块。7 月 16～18 日陆续出现掉块、坍塌，直至钢拱架压垮、上台阶全部被掩埋，坍塌长超过 140 m。地表房屋出现裂纹，院内地表出现起鼓现象，所幸无人员伤亡。施工中上台阶长 83 m，仰拱距最前掌子面 126 m，二衬距最前掌子面 146 m。

2006 年 5 月 16 日 23:00 时，大理丽江铁路南场岭隧道出口地段发生连续坍方，6 名施工人员被困。坍方段约 26 m。经铁道部组织全力抢救，于 2006 年 5 月 21 日 8:00 全部获救。

第二节　施工支护加固作业安全要点

一、管棚和超前小导管

管棚和超前小导管安全作业要点如下：

(1)管棚和小导管施工前应检验作业台(支)架安全性能，施工过程中应保持稳定。

(2)管棚和小导管施工前应检查钻机、注浆机及配套设备、风水管等施工机具的安全性能，施工过程中应确保钻机稳定牢靠，注浆管接头及高压风水管连接牢固。

(3)管棚和小导管施工过程中应指定专人负责对开挖工作面进行安全观测。

(4)管棚和小导管施工过程中应按作业程序和技术要求进行钻进、安装、注浆作业。注浆作业需特别注意的是：超前小导管注浆需饱满，注浆过程中作业人员不得正对管口，注浆过程随时观察注浆压力的变化，有异常情况时应立即查明原因并采取技术措施处理，处理完毕后方可重新作业。

(5)管棚作业换钻杆及超前小导管作业顶进钢管时，应防止钻杆、钢管掉落伤人。

(6)管棚作业起吊钻杆及其他物件时，应指定专人指挥，统一口令，起吊范围内任何人不得进入。

(7)在水压较高的隧道进行管棚钻孔作业时，应选择适合较高水压的钻孔设备，钻孔设备应采取防突水突泥冲出的反推或栓描措施；应安装满足水压要求的带止水阀门的孔口管，孔口管应安装牢固；作业时作业人员不应站立在孔口正面，且应远离孔口。

(8)进行管棚施工时应记录钻机钻进的各项技术参数，观察钻渣排出和孔内出水的情况，并与超前地质预报的结构核对。出现异常时，应及时报告并进行处理。

(9)管棚和小导管在运输时应根据运输机械、洞内临时存放场地大小、各类作业台架腹下净空限界确定运输长度和重量。

(10)管棚和小导管在作业平台上临时存放时，应根据平台设计荷载及安全性能检验结果确定存放数量和高度，同时应有防止其滚落、滑下的防护措施。在洞内空地堆放时除应采取防止其滚落的措施外，还应设置醒目的安全警示标志。

(11)钻机失稳时，作业人员有可能突然失去重心向前倾扑跌倒从而造成人身伤害；高压风管接头脱落时接头会因管内高压风压力作用做无规则的运动，而接头处的金属管箍在巨大的惯性作用下会对作业人员造成致命伤害，也会对作业机械或设备造成毁灭性的破坏。

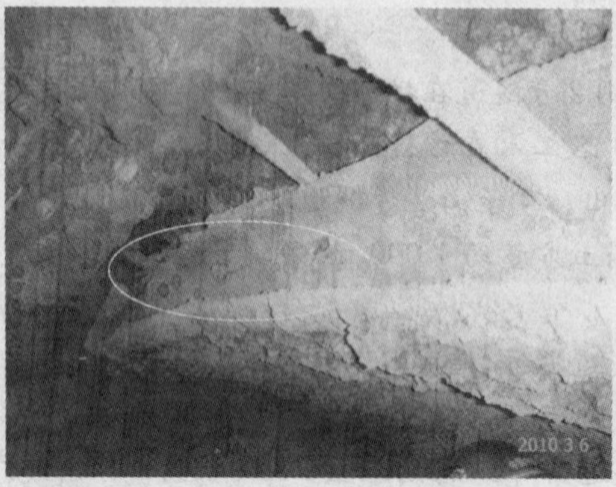

图 6-4　超前小导管数量不足

【案例】兰渝铁路某隧道出口某处存在超前小导管数量不足的情况，为隧道施工安全及将来的运营留下安全隐患。如图 6-4 所示。

二、预 注 浆

预注浆必须安装流量计和压力表，严禁注浆压力超过注浆管和止浆设施的最大额定值。注浆管接头应连接牢固，防止爆管伤人。

预注浆过程中应安排专人对其影响范围内的围岩和结构进行观察和测量，防止因注浆压力过大而引起围岩失稳和结构损坏。

采用预注浆加固围岩或止水，每循环结束后应采取超前探孔或取芯等手段检查注浆效果，达到要求后方可进入下道工序施工。

帷幕注浆应有单项设计，明确注浆孔布置、注浆顺序、注浆方式、注浆压力、注浆量等参数，并应检查止浆墙或止水沿盘的抗压能力。进行帷幕注浆前，应对后方已开挖地段一定范围内采取锚喷或混凝土加固措施，并检查止浆墙或止水沿盘及已开挖断的抗渗情况。

三、喷射混凝土

喷射混凝土作业前应清除工作面松动的岩石，确保作业区无塌方、落石等危险源存在。

喷射混凝土作业人员应佩戴防尘口罩、防护眼镜等防护用具，并避免直接接触液体速凝剂，不慎接触后应立即用清水冲洗。

非施工人员不得进入正在进行喷射混凝土的作业区，施工中喷嘴前严禁站人。

喷射混凝土作业中如发生输料管路堵塞或爆裂时，必须一次停止投料、送水和供风。

喷射混凝土施工中应经常检查输料管、接头的使用情况，当有磨损、击穿或松脱时应及时处理。

在有水地段喷射混凝土前应对渗漏水进行处理，应将分散的渗水集中引出，严禁采用防水布或铁皮等遮盖材料大面积引水，造成喷射混凝土与沿面分离。喷射混凝土中采用特殊添加材料在有水地段直接作业时，应先进行试验，满足要求后方可推广使用。

当掺入钢纤维拌和时要防止纤维结团、纤维产生弯曲或折断，拌和机因超负荷而停止运转、出料口堵塞。在处理过程中应严格按操作规程排除故障，不得违章操作导致事故发生。

四、锚　　杆

锚杆的设置应沿隧道轮廓法线方向，倾斜岩层应与岩面或围岩主要节理面垂直。锚杆施工时，应根据锚杆设置及围岩实际情况，及时调整锚孔角度以及采用合适的钻杆和钻进方法。

锚孔钻进作业时，应保持钻机及作业平台稳定牢靠，除了钻机操作人员外还应安排至少1人协助作业，作业人员应佩戴安全带、安全帽、防护眼罩等防护用品。

锚杆的类型、规格和质量必须符合国家现行标准的规定，中空锚杆的性能指标应符合《中空锚杆技术条件》(TB/T 3209)的规定。隧道拱部不应采用从杆体中空孔进浆的普遍重孔锚杆。各种锚杆必须上垫板、带螺母，垫板与锚杆之间不应采用焊接连接；垫板应紧贴孔口混凝土，并随时检查锚杆头的变形情况，及时紧固垫板螺母。

在围岩破碎、自稳时间短、地应力较大地段，应采用早强砂浆锚杆或早强中空注浆锚杆，也可采取增加锚杆数量、选用高强锚杆、加大锚杆长度和直径、加大钻孔直径、提高黏结材料的黏结性能等措施。

全长黏结锚杆应抽查锚杆的砂浆饱满度；预应力锚杆应抽查预应力施工情况。

锚杆安设后不得随意敲击，其端部在锚固材料终凝前不得悬挂重物。

五、钢　　架

采用分部法开挖的隧道，一般而言围岩情况都比较差，钢架在悬空时全靠与之相连的径向锚杆与岩体间的摩擦力作用保持悬空状态。钢架底脚长时间悬空会导致钢架在围岩变形作用下沉落，一旦沉落量超过警戒值，围岩及钢架就会完全失稳导致塌方，危及作业人员的安全。

型钢钢架应采用冷弯工艺加工，严禁采取气割、烧割等损伤母材的弯制法；格栅钢架应采用胎膜焊接；所有部件连接应焊接牢固；加工的成品经验收合格方可使用。

隧道内搬运钢架应装载牢固，固定可靠，防止放声碰撞和掉落。

钢架提升设备应有足够能力，埋设吊点应牢固。架设钢架时应采取防护措施，不得利用装载机作为钢架安装作业平台。

钢架节段及钢架之间应及时连接牢固，防止倾倒，钢架背后的空隙必须用喷射混凝土充填密实，严禁钢架背后填充片石等其他材料；钢架安装完成后应及时施作锁脚锚杆(管)，并与之连接牢固，钢架底脚严禁悬空或置于虚渣上。

【案例】渝利铁路某隧道，仰拱和仰拱填充同时施作，仰拱底部用石块填充，止水带安装不符合规定，如图6-5所示。

采用分部法开挖的隧道，下部开挖后钢架应及时接长、落底，严禁钢架底脚悬空以及两侧同时开挖接长，且应根据围岩情况控制开挖长度，底脚应增设锁脚锚杆(管)。

【案例】石武客运专线某隧道，存在如下安全隐患：综合洞室钢拱架悬空，未做处理，如图6-6所示。

图 6-5 仰拱底部用石块填充

图 6-6 综合洞室钢拱架悬空

第三节 衬砌浇筑作业安全要点

一、衬砌台车

(1)衬砌台车应具有出厂合格证和产品说明书。

(2)衬砌台车的组装、拆卸应在洞外宽敞、平坦、坚实的场地上进行；当条件限制，必须在洞内组装、拆卸时，应选在围岩条件较好和洞身较宽阔的地段进行。

(3)埋设衬砌台车各类吊点、吊具应牢固可靠；组装、拆卸的吊装作业应符合起重作业要求。

(4)衬砌台车组装完毕后，应由专业人员检查台车各部件连接情况，确保各部件连接牢固可靠，支撑系统、驱动系统应经调试合格后方可投入使用。

(5)衬砌台车就位后，应按规定设置防溜车装置，按设计高程及中线调整台车支撑系统，液压支撑应有锁定装置。

(6)台车上不得堆放料具；工作台要满铺底板，并设有防护栏杆；拆除混凝土输送软管或管道时，要停止输送泵的运转；台车工作结束后，要及时切断动力电源。

(7)使用衬砌台车进行混凝土作业时应安排专人检查台车支撑系统安全性能。

(8)洞门衬砌施工前要检查仰坡、边坡坡顶有无裂缝，并及时清除坡面危石；施工中应经常检查，尤其是雨后，防止洞外坡面悬石坍塌造成事故。

(9)采用模板台车进行全断面衬砌时，台车距开挖面的安全距离应大于 260 m；台车下的净空应能保证运输车辆的安全通行，并悬挂明显的缓行标志，台车走行轨的中心线要与隧道的中心线重合，两侧轨面必须在同一水平面上；台车就位前应先灌注好边墙基础，就位后要检查中线水平，确认无误后才可以固定；台车前后轮的相反方向，应用铁鞋刹住车轮，防止溜滑；灌注混凝土前，应安装挡头板，并做到稳固可靠不漏浆；灌注时必须两侧对称进行，避免台车偏压；脱模后要把模板清洗干净，并涂上脱模剂。

二、防 水 板

1. 防水板材料为化学易燃物质，在施工中因施工防护不当造成防水板燃烧引发安全事故的事例较多，应特别注意以下事项：

(1)防水板的临时存放点应设置消防器材及防火安全警示标志，并有专人负责看管和发放。

(2)防水板铺设地段应配备足够数量的消防器材。

(3)防水板施工时严禁吸烟;钢筋焊接作业时,应设临时阻燃挡板防止机械损伤和电火花灼伤防水板。

【案例】某隧道斜井火灾事故

(1)事故经过

2006 年 10 月 1 日 18 时 10 分,某新建铁路双洞单线铁路隧道,设计多座斜井辅助施工,斜井到底后,向两侧双线施工。约至 17 时 20 分,作业人员铺设完一段 8 m 的 2 块防水板,将第 3 块防水板搬上台架顶层,王某上到台架第 3 层架子,用氧-乙炔割枪切割挂电线的 1 根钢筋,其余人员陆续上到台架顶部进行挂防水板的准备工作。17:40 左右,防水板刚顶起来准备铺设时,台架 2 层左侧部位着火并伴有烟雾和呛人气体,现场人员开始立即利用灭火器进行扑救,切断台架上的电源,并向洞外打电话报告。由于刚才割下的钢筋头引燃盲沟、防水板、台架脚手板等材料,火势发展很快,现场无法补灭,同时引燃了 380 V 主电线路,导致断电。18 时左右,防水板掉下阻断道路,12 名人员在将氧气、乙炔瓶转移到就近横通道内后撤离,前方 32 名作业人员被困。

在地方救援队伍和项目部抢险队员共同努力下,经过 3 个多小时的奋力抢救,火险得以排除,并于 22 时 40 分将全部被困人员抢救出来。本次事故造成 4 人死亡,2 人负伤。

(2)事故原因

①割除的灼热钢筋头,掉落在软式透水盲沟上,引起燃烧,继而引燃防水板、脚手板等其他可燃物,是造成本次火灾事故的直接原因。

②(电)气焊工王某违规作业,未执行相关的安全交底、技术交底,没有注意下方有软式透水盲沟等可燃物,也没有跟踪检查钢筋头的安全状态,是造成本次事故的主要原因。

③对于散落在地面的防水材料,作业人员观察不细,未做出适当处理,并且当时下方无人监护,是造成本次事故的次要原因。

④透水盲沟、防水板等材料燃烧产生的有毒有害气体,加重了本次事故的危害程度。

⑤应急、自救的培训工作流于形式,使员工对事故发生后的逃生、抢险、救助知识运用不够熟练;同时现场避险、逃生设施不完备,扩大了事故的危害程度。

⑥对二次衬砌工序中防水板安装各具体环节的安全工作认识、分析不足,对透水盲沟、防水板等可燃材料性质及其燃烧产生的有毒有害气体可能引发严重后果的预见性不强,未能针对性地提前、及时有效地进行防范,是本次事故发生的管理原因。

(4)防水板作业面的照明灯具严禁烘烤防水板,其防水板间距离不得小于 50 cm。

2. 防水板作业时应指定专人观察作业安全状态。

【案例】焊接致隧道火灾事故

(1)事故经过

隧道全长 4 490 m,北工区已开挖 2 840 m(采用侧壁导坑施工法开挖方式)。灾害发生于开挖到超前导坑 2 418 m 及全断面 2 170 m 处时。

当在距洞 1 938 m 附近用气焊进行拱架的加固作业时,由焊接飞溅的火花引燃了附近的易燃物品而造成火灾。此时洞内有 74 名工人作业者正在进行侧壁导坑、底面中槽开挖、混凝土浇筑等作业,其中 37 名自行脱险,还有 37 名被堵在洞内,他们被迫躲避到距火灾地点 470 m的侧壁导坑掌子面,火熄灭后人员全部救出。

(2)事故原因

在进行焊接作业的拱架附近有直径 1 m 的聚氯乙烯制风管、脚手架板、脱模等易燃物品,且在台架下的地面上放有用于焊接作业的3个乙炔瓶、2个氧气瓶。因此判定是由于焊接的火花引燃了这些易燃品而造成火灾。

(3)预防类似事故的措施

①禁止采用需使用易燃性材料的施工方法;

②在洞内进行焊接等使用烟火的作业时,必须遵守防火等相关规定。

三、钢　　筋

(1)从事钢筋加工和焊(连)接的操作人员必须经考试合格,持证上岗。

(2)隧道内运输钢筋应根据各类作业台架腹下净空、洞内设施情况进行装载并捆绑牢固,固定可靠,防止发生碰撞和掉落。

(3)为安装钢筋搭设的临时作业平台应有足够的强度、刚度和稳定性。

(4)为安装钢筋搭设的临时作业平台四周应设置安全栏杆、密封式安全网、人员上下工作梯,经验收合格方可投入使用。

(5)为安装钢筋搭设的临时作业平台上的各类羸点设备有绝缘保护装置,电线路还应符合洞内临时用电要求。

(6)衬砌钢筋安装过程中应采取临时支撑等防倾倒措施,临时支撑应牢固可靠并有醒目的安全警示标志,作业人员与过往机械不得踩踏、碰撞。特别是在安设墙腰及拱部钢筋时,必须搭设作业平台并设支撑,保证钢筋不倾伏或倒塌而造成安全事故。

图6-7　某隧道安全隐患

【案例】北京地下直径线DK0+860附近,采用双侧壁法施工,施作底板和二衬时,将底层水平板与边墙的连接钢筋截断,并将底层水平板的临时支撑拆除,造成底层水平板连续约20 m成悬臂状,埋下安全隐患,如图6-7所示。

四、混凝土浇筑

(1)泵送混凝土管道安设及连接应符合规定,施工过程中应经常检查其连接的可靠性、安全性及管道的稳定性。

(2)混凝土灌注前应全面检查模板及支架的结构状况;检查钢筋绑扎是否牢固;开挖面有无悬石坍落可能,经过验收合格后才允许进行灌注。灌注混凝土使用的溜槽或窜筒要根据灌注的进展及时调整高度,防止堵塞;在捣固作业中,若使用插入式振动器,则应穿胶鞋、戴胶皮手套,软轴部分不得插入混凝土中,电源线接触要良好,湿手不得接触电源开关。

(3)泵送混凝土管道堵塞时,应及时停止泵送并逐节检查确定堵塞部位。堵管处理应按操作程序进行,不得违规作业。

(4)如果混凝土浇筑速度过快,则模板所受侧压力在短时间内剧增,坍落度过大,会增加模板的侧压力,并且模板所承受的压力在短时间内无法靠混凝土自身凝固成形消除。以上2种情况均可能使台车模板变形及横向液压系统失控,两侧不对称灌注会使衬砌台车左右支撑系统不平衡导致台车失稳,以上情形均可能造成安全事故。因此,衬砌混凝土浇筑时必须控制浇筑速度，浇筑压力不得过高，并保证两侧基本对称浇筑。

(5)衬砌台车端头挡板与防水板、台车间接触面应紧密，挡板支撑应稳固。混凝土浇筑过程中应安排专人检查挡板及支撑的安全状况。

(6)混凝土浇筑过程中应有专人检查台车受力状况，当台车出现变形等异常情况时，作业人员应及时撤离作业平台，隐患消除后方可恢复作业。

(7)仰拱应分段一次整体浇筑，并根据围岩情况严格限制一次施工长度；工作区应有专人监护，并设警示标志。仰拱分段长度应根据围岩情况及仰拱栈桥长度而定。在施工时仰拱不得分幅浇筑。

(8)仰拱施工应配备有足够的强度、刚度和稳定性的栈桥等架空设施。仰拱施工栈桥基础应稳固，桥面应进行防侧滑处理，栈桥两侧应设限速警示标志，通过速度不得超过 5 km/h。仰拱作业与洞内其他工序运输作业发生冲突时，运输车辆在经过栈桥时，仰拱作业人员应及时避让。

【案例】2009 年 6 月 20 日 15 时 22 分，西安局西康线 4907 次旅客列车运行至 K121＋355 湾潭子隧道处，由于某工程局 1999 年隧道施工时，遗留在隧道拱顶上的支护衬砌模板的钢板(1.5 m×175 mm×1 mm)脱落掉下，烧断接触网承力索，经抢修 22 时 4 分开通区间恢复行车，构成铁路交通一般 C 类事故。

第七章 监控测量安全

第一节 监控测量安全一般规定

监控测量作业应考虑下列主要危险源、危害因素:

(1)监控测量方案不合理,元器件损坏,采集数据失真;

(2)监控测量工作面未找顶、支护不及时,照明光照度不足;

(3)作业平台防护不到位,个人防护用品未按规定佩戴;

(4)富水和岩溶隧道安装测量仪器或钻孔作业时,出现突水、突泥等异常情况;

(5)施工安全性评价等级不准。

施工监控测量不但是铁路隧道设计文件的重要组成内容之一,而且是隧道按新奥法施工必须进行的光面爆破、锚喷支护、施工测量等三大组成内容之一。施工监控测量是确保隧道施工按信息化科学管理的重要手段,对铁路隧道施工安全与质量控制起到了非常重要的作用,并取得了明显的技术经济效益。由于施工单位对不同条件的测量要求与控制标准掌握得较少、不够全面,因此设计单位应根据隧道工程地质条件、环境条件、断面大小、施工方法和安全要求进行监控测量设计,在开工前向施工单位做好技术交底,提供与本工程监测项目相关的技术参数,科学指导现场施工的监控测量工作,让施工单位充分理解,有利于施工过程的控制,更好地为工程服务。

施工单位在工程项目开工前必须成立监控测量小组,建立相应的质量管理保证体系,与此同时项目部还应成立监控测量小组领导机构,原则上施工单位现场第一负责人为组长,总工程师、安全总监、监控测量小组的负责人等为副组长,有利于工作进行。

施工监控测量必须在施工前根据施工组织的总体安排编制详细的实施方案,包括实施大纲和实施细则,经过监理、建设单位(或业主)批准后执行。在实施过程中做到测量仪器设备安装要及时、数据采集要及时且真实可靠、监控测量信息反馈于施工和设计要及时。

监控测量必须纳入施工组织的正常管理,在施工组织设计中必须列入施工进度计划中,把它当成一个关键工序来对待。施工现场应按设计技术文件的要求,及时提供工作面,创造条件保证监控测量埋设工作顺利进行,同时监控测量工作要尽量减少对施工的干扰。

特别强调测量仪器与设备的安装必须按设计的技术要求进行及时安装,现场尽可能采集到更多的初始数据,它对掌握围岩及结构的最初动态是非常必要的,对分析围岩后期最终位移及应力预测至关重要。

但是,施工中经常有不重视监控测量的现象,给施工安全带来了安全隐患。

【案例】监控测量不规范,留下安全隐患

(1)兰渝铁路黑山隧道出口采用铁钉将红色反光纸钉在初期支护表面作为监控测量点(图7-1);

(2)兰渝铁路柯寨隧道在初期支护钢架内侧焊接短钢筋钩进行收敛监控测量,不能监测到真实收敛变形(图7-2);

(3)兰渝铁路图山寺隧道采用砂浆将挂钩粘贴在初期支护内表面进行收敛监控测量,不能监测到真实的围岩变形(图 7-3)。

图 7-1　红色反光纸作监控测量点

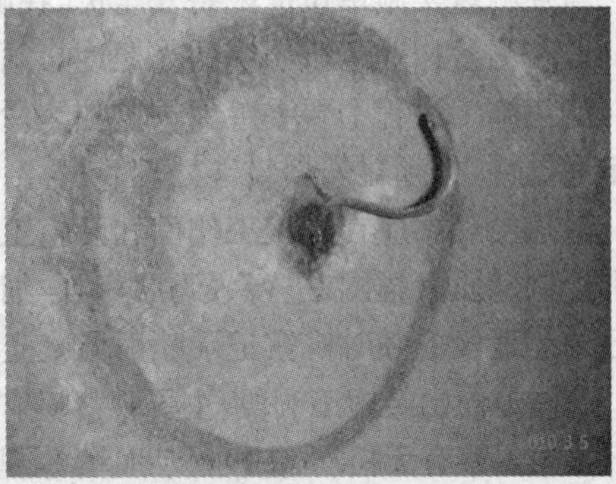

图 7-2　侧焊接短钢筋钩进行收敛监控测量

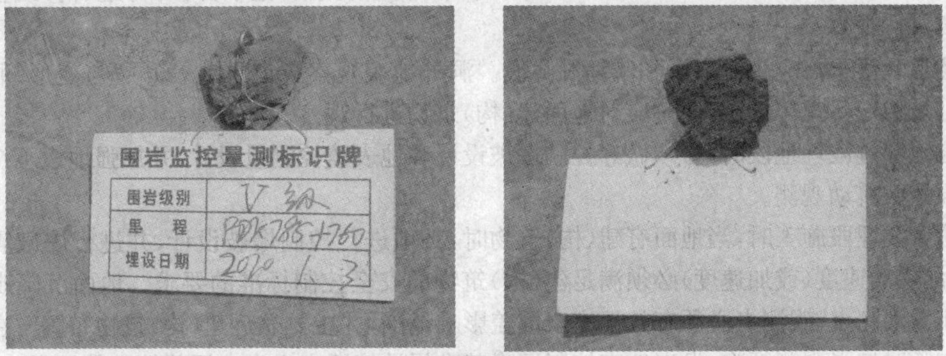

图 7-3　挂钩粘贴在初期支护内表面进行收敛监控测量

施工单位应具备专业资质,在开工前必须向监理单位报送;在施工过程中应保持人员相对稳定,特殊情况下换人应取得监理或业主的同意。监理人员应有相应的监控测量经验,不但要在过程中实施有效监理,同时对施工单位报送的相关报告与成果要及时审查和处理,以及向建设单位及时汇报或提出建议。因此,监理单位应审查施工单位监控测量资质,对隧道监控测量实施过程进行监理和审核监控测量成果等。

工程安全性评价是确保施工安全的重要环节,是施工组织的重要内容之一,因此施工监控量实施细则中必须结合施工组织设计的总体要求,在工程开工前对工程的安全陛进行评价。施工过程中通过测量分析,进行安全性评价管理等级分析,将评价成果及时报告设计、建设单位、监理,与此同时向相关单位提交完整的测量原始数据。设计单位与建设单位必须尽快明确有针对性的处理措施,在没有具体措施之前,不应盲目继续施工。

当施工安全性评价超过Ⅱ级管理时,建设单位、勘察设计单位必须尽快明确有针对性的施工措施,确保施工安全。

监控测量属于专业性比较强的工作,当工程的地质条件和周边环境比较复杂时,建设单位应选择具有专业资质的第三方进行施工测量或复核工作,确保测量成果的客观公正性,并达到相互对比、相互印证,有利于施工科学合理决策。

具备专业资质的第三方不但工程经验丰富、理论研究水平高、学术交流活动多,而且测量手段多、数据处理方法科学,在复杂地质与工程周边环境条件下,他们比一般的施工单位有更多的优势。建设单位在工程投标前应优先考虑。

监控测量人员必须经过隧道施工安全教育培训，掌握安全操作技术和安全生产基本知识。

监控测量实施单位应配备安全员，在隧道监控测量过程中应设有安全岗哨。

监控测量作业区域照明的光照度必须满足数据采集和作业人员安全操作的需要。

隧道施工过程中要妥善保护监控测量的元器件，并有显著的安全标识。在岩爆地段埋设测量元器件，必须对岩爆妥善处理后进行。

隧道内观察应在开挖工作面和已施工地段分别进行。开挖工作面应在每次开挖后进行观察和绘制地质素描图、进行数码照相，详细填写地质情况记录表，并与勘察设计资料对比，隧道内已施工地段应随时观察记录喷射混凝土、锚杆、钢架等的工作状态。

在隧道内已经施工洞段，主要观察喷射混凝土是否有开裂、剥落松动、喷层表面渗水等现象；锚杆主要观察有无松动、垫板松动脱落等现象；拱架主要观察有无扭曲变形、拱架后面是否有空洞、喷射混凝土是否覆盖拱架等现象；二次衬砌混凝土主要观察有无开裂、渗水、下沉等现象。

地面观察应对其地面裂缝观察及其发展、渗水、变形观察和记录，同时对建(构)筑物的状况也要进行观察和记录。

隧道观察重点应为洞口段和浅埋洞身段。洞外地表观察应记录地表开裂与变形、洞口边坡与仰坡稳定状态等情况，同时应对地面建(构)筑物进行观察。

隧道穿过浅埋地段时，必须做好控制爆破设计和地表监控测量设计，并加强地表下沉观测和地面爆破震动观测。

位于浅埋段施工时，当地面有建(构)筑物时，必须进行控制爆破设计，并进行爆破震动监测，实测震动速度(或加速度)必须满足建(构)筑物的安全控制标准的要求。地面沉降观测要合理布置观测点，观测点必须有效地完全覆盖影响范围，并主要靠近建(构)筑物布置。在掘进过程中随时加强观测频次，发现地表控制沉降基准累计接近安全生产评价管理等级时，必须制订相应对策，并及时上报监理、设计和建设单位。

地质素描工作对判断围岩的稳定和预测掌子面前方的地质情况是十分重要的工作。要做好这一工作，测量单位必须配置经验丰富的地质工程师并配置数码相机，同时要求结合现场保存必要的岩石标本，并在现场选择具有代表性的样品做相关力学试验，为施工阶段围岩的分级、优化设计提供科学的数据。因此，隧道开挖工作面的地质素描以及支护状态、地表影响范围内建(构)筑物的描述，应每掘进循环记录 1 次，必要时，对地表影响范围内的建(构)筑物的描述频率应加大。

监控测量使用的作业台架、高空升降车、升降梯等必须安设牢固，作业时操作人员必须系安全带。

特殊情况隧道的选择项目若涉及钻孔安装测量仪器，如多点位移计、锚杆应力计等，尤其是多点位移计，其钻孔不但深而且还要取岩芯或进行孔内成像，特别是拱顶孔的施工，因安装精度要求较高，其施工难度较大，对操作者来说既要技术高，又要熟练操作，才能确保设备人员的安全。因此，埋设多点锚杆位移器、锚杆应力计时，操作人员必须遵守机械设备操作安全的有关规定，开钻前必须进行安全技术交底。

富水区施工可能存在安装隐患，原则上应该先进行地下水处理后再掘进，但施工过程中超前预报未及时发现或施工过程中爆破松动圈未影响到安全岩层，在进行测量仪器钻孔(孔深超过安全岩层)时，若发现钻孔内水压、水量突然增大，以及有顶钻现象时，可能预示着有产生突(涌)水的可能，因此钻孔过程中必须加强观察和记录，发现险情必须及时报告，同时组织相关人员撤离危险区。

因此，在富水区隧道安装测量仪器或进行钻孔时，发现岩壁松软、掉块或钻孔中的水压、水量突然增大，以及有顶钻等异常情况时，必须停止钻进，立即上报有关部门，并派人监测水情。当发现情况危急时，必须立即撤出所有受水威胁区域的人员，然后采取措施进行处理。

第二节　施工安全性评价

监控测量信息反馈应根据监控测量数据分析结果，对施工安全性进行评价，并提出相应的工程对策与建议。

监控测量数据分析分为实时分析和阶段分析，都以报告的形式反馈信息。实时分析是指每天根据监控测量数据，分析施工对结构和周边环境的影响，发现安全隐患及时采取措施；阶段分析是指经过一个阶段后，根据大量的监控测量数据及相关资料等进行的综合分析，总结施工对周围地层影响的一般规律，指导下一阶段施工。隧道施工过程中应进行监控测量数据的实时分析和阶段分析。实时分析一般采用日报表形式；阶段分析一般采取周报、月报形式，或根据工程施工需要不定期进行，提出指导施工和优化设计的建议。

监控测量小组一般以周报（特殊情况要形成日报）的形式提交监测成果，包括书面报告和电子版。当出现异常现象时，应及时反馈，以便采取相应的对策。现场监控测量工作停止后，应在1个月内编写出该工程的施工监控测量总结报告。

监控测量信息反馈程序应贯穿于施工的全过程，不但要保证将监测原始数据和分析结果及时反馈给设计和监理单位，而且要保证信息反馈传递渠道畅通，并保证信息反馈的及时和有效性，同时还能起到相互印证的目的，减少错误分析的概率。

每天根据监测数据及时进行分析，发现安全隐患应分析原因并提交异常报告，原则上按周、月递交分析报告，但特殊情况下必须紧急报告。监测实施单位应及时将测量数据和分析结果反馈给设计和监理单位，并迅速处理。

监控测量信息反馈应根据监控测量数据分析结果，对施工安全性进行评价。根据安全性评价的结果，按照施工安全评价流程图（图7-4）程序及时决策并采取工程应对措施。当工程需要变更设计时，设计单位应按相关规定及时予以变更。

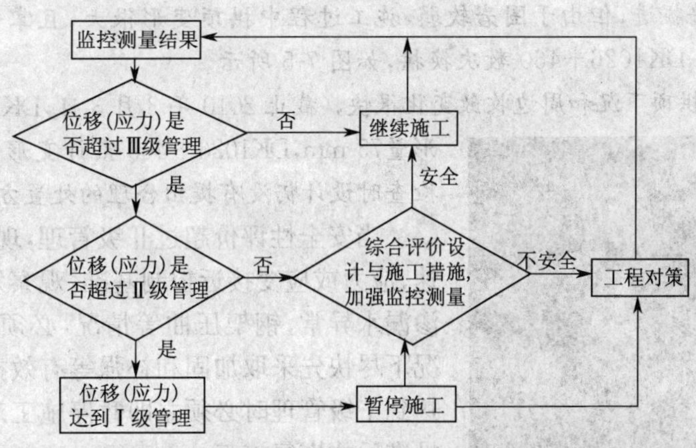

图7-4　施工安全评价流程图

【案例】下面是没有办理相应变更手续，导致存在安全隐患：

(1)兰渝铁路陈家沟隧道进口掌子面里程 DK798＋288，设计要求全隧道采用台阶法施工，现场采用全断面法施工；

(2)六沾铁路新邓家村 1 号隧道进口设计施工方法为三台阶法施工，按二台阶法施工；

(3)湘桂铁路柳南段黄岭 1 号、2 号隧道洞口段设计为Ⅴ级围岩，设计图洞身开挖为 CRD 法，现场采用台阶法施工；

(4)贵广铁路岩山隧道出口技术交底为弧形导坑预留核心土开挖方法，实际开挖为台阶法施工；

(5)贵广铁路花竹隧道进口Ⅴ级富水软弱围岩，设计开挖为三台阶临时仰拱法，现场采用两台阶且临时仰拱两端悬空，右侧端部未与支护钢架连接。

监控测量的基准包括隧道内位移、地表沉降、爆破震动等。基准值应该根据隧道施工安全、隧道结构的长期稳定性，以及周围建(构)筑物特点和重要性等因素制订。施工安全性评价可参考《铁路隧道监控量测技术规程》确定位移管理等级。

根据位移控制基准，施工安全性评价可按表 7-1 分为 3 个管理等级。

根据施丅安全性评价确定的管理等级，可按表 7-2 采取相应的工程对策措施。

表 7-1　施工安全性评价位移管理等级

管理等级	距开挖面 1B	距开挖面 2B
Ⅲ	$U<U_{1B}/3$	$U<U_{2B}/3$
Ⅱ	$U_{1B}/3\leqslant U\leqslant 2U_{1B}/3$	$U_{2B}/3\leqslant U\leqslant 2U_{2B}/3$
Ⅰ	$U>2U_{1B}/3$	$U>2U_{2B}/3$

注：表中开 B 为隧道开挖宽度，U 为实测位移值。

表 7-2　施工安全性评价等级与相应的应对措施

管理等级	应对措施
Ⅲ	正常施工
Ⅱ	综合评价设计、施工措施，加强监控测量，必要时采取相应的工程对策
Ⅰ	暂停施工，采取相应的工程对策

地表沉降控制基准应根据地层稳定性、周围建(构)筑物的安全要求分别确定，取两者最小值。

当出现变形加速、应力或应变急剧增大并接近控制基准值，以及通过观察发现结构开裂与渗漏水异常、钢架压曲等情况时，必须在确保安全的前提下迅速实施结构加固和补强措施，必要时可暂停施工。

【案例】广昆铁路扩能工程新温泉隧道进口掌子面Ⅴ级围岩，设计超前支护为 ϕ76 mm 中管棚，采用三台阶法掘进，但由于围岩软弱，施工过程中拱顶变形很大，且掌子面持续掉块、坍塌，DK1026＋441～DK1026＋460 数次换拱，如图 7-5 所示。

监控测量显示拱顶下沉和周边收敛变化很快，(截止 2010 年 3 月 3 日，DK1026＋465 累计变形量75 mm，DK1026＋460 累计变形量 216 mm)，截至检查时设计仍没有提出合理的处置方案。

图 7-5　拱顶变形很大但设计单位迟迟未提出合理的处置方案

当安全性评价超过Ⅱ级管理，现场又出现变形加速、应力或应变接近控制基准，观察发现结构有开裂、渗漏水异常，钢架压曲等情况，必须在确保安全的情况下尽快先采取加固和补强等有效措施；若安全评价达到Ⅰ级管理时必须立即暂停施工观察，待对策措施批准后才恢复施工。

位移控制基准应根据测点距开挖面的距离，由初期支护极限相对位移按表 7-3 的要求确定。

表 7-3　位移控制基准

类别	距开挖面 1B	距开挖面 2B	距开挖面较远
允许值	65%U_0	90%U_0	100%U_0

注：表中 B 为隧道开挖宽度，U_0 为极限相对位移值，由设计给定或参照《铁路隧道监控量测技术规程》第 4.5.2 条选择。

【案例】某隧道 ZK169＋870～ZK169＋890 段地质性坍方事件

(1)事故经过

2006 年 9 月 11 日，领工员指挥喷浆班 11 人在隧道左线 ZK169＋951～ZK169＋952 处下半断面进行初喷射混凝土作业，开挖班 12 人进行上半断面开挖作业的准备工作，另有 1 名电工在现场工作，掌子面共有 25 人。混凝土衬砌分队队长冯某在洞内检查当班工作后，回到已衬好的边拱混凝土处，听见身后轰响，回头看见前方约 30～40 m 处左侧拱腰发生坍方，并向右侧及洞口方向漫延，便立即跑出报告。与此同时，掌子面施工人员突然听到一声巨响，并感到一阵风浪扫过，紧接着一片漆黑，全部人员均被堵在洞内。经调查，隧道坍方范围为 ZK169＋870～ZK169＋890，长度 20 m。经过 26 h 不间断地全力拼抢，救援通道于 12 日 13 时 10 分打通，受困的 25 人全部获救，无人伤亡。

(2)事故原因

根据坍体现状，并调查有关人员，坍方过程是：钢拱架 A 单元左侧拱腰处发生急剧变形，拱腰弯折，随之出现左侧拱腰坍方，进而牵引右侧拱腰、左侧部分边墙垮塌。

①复杂地质是造成坍方的主要原因

(a)地形地貌的特征为隧道坍方提供了可能性

坍体隧道上方存在几条冲沟，裸露原岩有明显断裂缝，缝宽 15 cm，结合国道下方坡体多处开裂的情况，说明此处结构复杂，有可能存在层理或薄弱面，具体细节有待进一步确诊。

(b)围岩特性使得隧道坍方具有复杂性

坍塌处(体)为深灰—灰黑色钙质泥岩，薄—中厚层状，微风化—新鲜，强度低而性脆。本段位于六古地向斜左翼的次一级复式背斜的轴部，且受隧道右侧区域性断裂的影响，节理裂隙和摩擦镜面发育，层间结合较差，临空面处稳定性差，在有外力震动下极易坍塌。

②周边环境影响是坍方的次要原因

坍塌处地表为国道，埋深约 55 m，重载货车流量很大，且处于弯道，重载货车的连续震动，再加上隧道钻爆法开挖放炮不可避免的震动，使本来稳定性已很差的钙质泥岩超过其疲劳强度突然发生脆性断裂而导致此次突发坍塌事件的发生。

③设计原因

(a)设计支护参数偏弱，不能稳定围岩。项目部针对前期施工中发生初期支护变形的情况，分别于 2006 年 4 月 5 日、5 月 24 日，提出对隧道左线 K169＋790～K170＋232 范围的 S5 型断面初期支护参数进行调整，以保证初期支护的稳定性。指挥部仅同意部分加强，对隧道左线 K169＋849～K169＋869 进行了局部变更加强，隧道塌方范围为 ZK169＋870～ZK＋890 未做加强初期支护变更。

9 月 20 日下午，K169＋824～K169＋833 段衬砌(倒数第二组)，在拱顶右侧 1 m 处，突然发生剪切性贯通裂缝。倒数第一组衬砌无异常变化。

(b)设计拱架存在缺陷，检底后拱脚悬空，只有灌注矮边墙后才能包住。项目部口头提出过变更，未获同意。

④主观原因

(a)测量预防措施不到位。未进行测量,导致测量这一主动监控手段失效。

(b)不按设计施工。ZK169+870 外 20 m 格栅钢架变更为钢拱架,但施工时仍按原设计进行;同时,格栅钢架工艺质量差。

(c)仰拱施工时一次开挖距离过长(15 m),破坏了边墙底部的支撑。

(d)经验不足,施工风险意识不强。在屡次提出设计优化方案未取得支持后,被动地按设计施工,对发生的初期支护变形采取加固并抢仰拱使初期支护成环等应急处理措施,没有采取更主动的防坍措施。

(3)事故教训

本次事件事态严峻,影响巨大,幸未发生任何人员伤亡,值得认真总结:

①必须提高对本隧道围岩特性的认识,全面收集详尽的地质信息资料,进行系统评估,确保方案措施更具针对性;

②必须强化对周边环境的认识,尤其对隧道通过的线路地表做详细了解,充分掌握相关因素对隧道的影响,做好安全评估工作;

③充分借助专家的意见,坚持危险性较大工程安全专项施工方案编制及专家论证审查的制度,把问题分析透、把问题解决好;

④必须摒弃经验主义,杜绝以前也是这么做的、不会发生问题的侥幸心理和作法;

⑤必须坚持按设计施工,达到质量标准要求,特别是在围岩复杂或较差的情况下尤为关键;

⑥必须严格进行围岩测量,及时掌握围岩变形情况,采取针对性加固措施。

第八章　施工排水安全

第一节　施工排水安全技术

一、洞内排水

开挖隧道时，由于会有地下水进入坑道，施工粉尘也要排出废水，这些水都应及时引出洞外。对于有污染性的施工用水，还应按环境保护要求经净化处理后方能排入河流。排水方式应根据线路坡度情况和水量大小而定。

1. 顺坡施工的排水

向洞内开挖是上坡，称为顺坡施工。此时只须随导坑的延伸，在一侧挖水沟，使水顺坡自然排出洞外即可。水沟纵坡不得小于3‰，水沟断面尺寸应根据涌水量计算，但最小尺寸宽度不应小于0.4 m，深度也不应小于0.4 m。如有平行导坑，可将正洞积水通过侧沟经横通道引入平行导坑顺坡排出，平行导坑较正洞低0.2～0.6 m。

2. 反坡施工的排水

向洞内开挖为下坡，称为反坡施工。此时水向工作面汇集，须用机械排水，排水系统的布置有2种方式：

(1)分段开挖反坡水沟。在分段处挖集水沟，每一集水坑处设一抽水孔，把水抽至后一段反坡，由最后一台抽水机将水抽出洞外。

这种方式优点是地面无积水，抽水机位置固定，也不要水管；缺点是用的抽水机多且要开挖反坡水沟。一般隧道较短、坡度较小时采用。

(2)隔开较长距离开挖集水坑。开挖面的积水用小水泵抽到最近的集水坑内，再用主抽水机排到洞外。

这种方式的优点是所需抽水机数量少，缺点是要安装水管，抽水机随着坑道的掘进而拆迁前移。在隧道较长，涌水量较大时采用。

反坡施工的隧道，应对地下水涌水量有足够的估计，排水设施要有后备。必要时，应在导坑掌子面(工作面)上钻较深的探水眼，防止突然遇到地下水、暗河等或大量涌水进入坑道，造成工程事故。

二、洞外排水

施工排水的一个特殊性是要防止洞外洪水突然倒灌入洞内，尤其在反坡施工及斜井施工时，洪水倒灌往往会造成重大安全事故。为此，应做好洞口地表防洪及排水设施；同时，应将与地下水有补给关系的洼地、沟缝用黏土回填密实，并施作截水沟截流导排。

【案例】大丽铁路某隧道，排水沟折断下沉失效(图8-1)，严重影响隧道安全及隧道施工安全。

图8-1　大丽铁路某隧道排水沟失效

第二节 施工排水安全的一般规定

施工排水作业应考虑下列主要危险源、危害因素：

(1)富水软弱围岩、岩溶隧道突水、突泥；

(2)排水设备不足或损坏，排水能力不够；

(3)膨胀岩、土质地层、围岩松软地段，施工用水浸泡地基；

(4)洞口地表水渗漏及冲刷边仰坡；

(5)有水地段电缆线破损漏电；

(6)施工排出的水质不符合标准，污染环境。

隧道施工应做好排水工作，防止涌水淹没洞室，危及人员、设备和环境安全，影响施工质量和进度。特别是富水地区，首先要完善排水设施，反坡排水要根据隧道设计涌水量配备足够的抽排水设备，防止涌水淹没洞室，开挖前必须做超前探水，确定不会产生大涌水时才能向前开挖。

隧道施工前必须根据设计提供的工程及水文地质资料，结合现场实际情况，进行分析研究，预计可能出现的地下水情况，估计水量，制订排水方案。

施工前应对地表水进行处理并及早修建洞口防排水设施，防止地表水渗漏及冲刷边仰坡危及结构和施工安全。

洞内施工排水沟应经常清理，保持畅通，防止淤塞。

洞内反坡排水应采用机械排水，并应符合下列规定：

(1)排水方式应根据距离、坡度、水量和设备情况布置管路，一次或分段接力排出洞外；

(2)集水坑容积应按富水量合理确定，其位置应减少施工干扰；

(3)配备抽水机的功率应大于排水量的20%以上，并应有备用台数。

在膨胀岩、土质地层、围岩松软地段，为防止围岩遇水软化，应铺砌水沟或用管槽排水，洞内施工用水应加强管理，严格控制施工用水。

对富水软弱破碎围岩、岩溶等有突(涌)水风险的隧道，必须进行防突(涌)水专项设计，编制专项安全技术方案，并符合有关规定。突(涌)水的风险等级，可参考《铁路隧道风险评估与管理暂行规定》(铁建设〔2007〕200号)。

隧道内有水地段的高压电线必须按有关要求铺设，照明必须采用安全电压及防水灯头和灯罩。施工现场电线、电缆使用过程中应经常检查，确保绝缘良好。

隧道施工排水，应重视环境保护，经过处理符合现行国家标准《污水综合排放标准》(GB 8978)的规定后方可排放。隧道防排水施工，尤其是注浆堵水施工中要注意注浆材料的选用，严禁使用有毒和污染环境的材料，作为防水层的各种材料在长期使用中也不允许有毒物质滤出。

第三节 斜井和竖井排水安全

斜井、竖井施工时，必须有完善的排水设施并保证抽、排水设备的完好。

斜井掘进排水，应采用边掘边排的方法。当遇到涌水量较大的含水层、断层或裂隙涌水时，除应增加掘进工作面排水设备能力外，还应对涌水量大的局部地段，采取分段截排水的措施，弄清涌水来源和水量大小，设法截住涌水，防止下流。如在涌水地点下部凿小容量水窝，设置潜水泵或喷射泵，将水直接排出井身或排至上方临时水仓。这样可以大大改善工作面的施工条件，保证不间断地快速施工；但分段不应过多，以免造成井内布置杂乱，干扰施工。

竖井凿井期间排水方案影响因素较多，施工时可依据水文地质资料、井身深度及各施工阶段井身涌水量大小等因素并结合排水特点来确定。竖井井壁渗水影响施工时，应采取措施处理，固结地层后再进行开挖。

凿井期间排水的特点有以下几个方面，可供参考：

(1)由于井身穿过的岩层含水量不同，工作面涌水量变化较大；同时因工作面积水流经爆破后的石渣，故含泥砂较多；

(2)随井身工作面掘进，排水设备的扬程须逐渐增加，且由于放炮工作停止一段排水时间，设备的排水能力要大于正常工作面涌水量；

(3)竖井排水时往往湿度及淋水均较大，故排水设备不能用普通型的电气设备，而应选用防潮电机。

鉴于以上诸多原因，竖井凿井期间排水的方法也较多，常用的有吊泵一段排水，卧泵排水，气压泵、吊泵或卧泵两段排水，吊泵串联排水等，采用何种方法应因地制宜确定。

根据经验数据，当井身涌水量大于 50 m^3/h 时，应采用注浆堵水。

排水泵站设在井身附近可缩短管道长度，便于排水管以最短的距离敷设至井口外。泵站与变电所联合布置可便于施工和管理。水泵沿洞室纵向单排布置可减小洞室跨度，管道布置简单方便操作和管理。

一般情况，隧道位置应避免穿越工程地质、水文地质条件复杂的地层，但由于客观地形、地质的复杂性和目前勘探技术水平和手段的限制，所取得的资料不能完全符合实际的情况还是经常发生的。不可预见的变化，特别是突然涌水造成的水患在铁路隧道施工中屡见不鲜。水文地质是一个比较复杂的问题，情况不同涌水量差异很大。条文中对留有增加水泵的余地和设置防水密闭门难以做出具体规定，只能做原则规定，以便在工程设计和施工中对水患问题不至于忽视。

对管道净空高度的规定，主要是考虑当井下发生突然涌水或事故时，便于增援和外运排水设备。管道与井身连接处规定设缓坡段和坡度是为了方便工作人员进出泵站和渗积水经斜井、竖井流入井底水窝，而不至于顺管道流入泵站。

综上所述，斜井、竖井的井底应设排水泵站，采用相应扬程的抽水机将围岩裂隙水和施工污水经管路排出井外。排水泵站设置应符合下列规定：

(1)应设在铺设排水管的井身附近，并应与主变电所毗邻；

(2)洞室应能满足水泵、排水管、起重设备安装及运输要求；

(3)地面高程应高出通道入口处井底车场底板高程 0.5 m，地面应向吸水池一侧设 1%的下坡；

(4)泵站应留有增加水泵的余地，必要时，应辅以局部堵水、综合治理或选择潜水泵排水等其他防治水措施；

(5)水文地质条件复杂、有突然涌水淹井危险的坑道，在泵站通往井底车场的通道中应设置防水密闭门；

(6)竖井井下排水泵站应设 2 个出口，一个通往井底车场，另一个用倾斜的管子道与井身连接；连接处应高出泵站地面 7 m 以上；管子道的倾角应采用 25°～35°，并应设人行台阶；管子道的净空应保证安设排水管后仍能通过水泵或电动机，其高度不得小于 2 m；管子道与井身连接处应设 2 m 左右缓坡段，并以 3%～5%的坡度倾向斜井或竖井。

为了沉淀隧道施工时地层涌水中的泥砂、杂质，储藏隧道开挖涌水以及当泵站发生意外事故短时间停机不致造成水害，井下应设置一定容积的水仓。水仓主要用来储水，但对调节水量也有很大的作用。规定水仓设置 2 条坑道的目的是互为备用，当一条清淤时，另一条能正常工作。水仓容积标准基本是按 1.5～2 h 设计涌水量确定的，现场应根据具体情况修正。

斜井、竖井施工时，腰泵站主要起转水作用，水仓容积不需过大，规定按泵站 10～15 min 排水能力设计是根据现场施工经验。

确定腰泵站水仓容积应考虑以下几方面的因素：

(1)保证水泵工作时的良好水力条件，防止吸入空气，吸水管入口处应在最低水位以下 0.5～1 m，泵的吸入口与池底的距离一般为吸水管径的 1.3～1.5 倍；

(2)保证水泵启动所需的瞬时流量，避免水泵启动过于频繁。

规定水仓入口应设在井底车场排水沟的最低处，目的是使隧道涌水能全部顺利地汇集流入水仓。施工经验证明水仓入口前设置一定容积的沉淀池，能起到预沉淀的作用，对水泵叶轮和管道配件有保护作用，可减少磨损和堵塞。

井下排水泵站属临时工程，水泵吸水池洞室宜简不宜繁，基本能满足水泵正常工作的水力条件即可，这样不仅能减少工程量，而且洞室结构简单，适合铁路隧道施工的实际情况。

井下排水泵站水仓的设置应符合下列规定：

(1)由 2 条独立、互不渗漏的坑道组成，水仓容积应根据涌水量情况确定；

(2)分段排水时，腰泵站水仓容积按应泵站 10～15 min 排水能力设计；

(3)入口应设在井底车场排水沟的最低处，入口前必须设置沉淀池，沉淀池的容积应根据水质情况确定；

(4)吸水池应采用直接与水仓相连接的形式，连接处应设控制闸阀。

在水泵的选用上，大小悬殊的配泵或泵型选型不当，往往使水泵不能在最佳工况点运转，以致增加能耗；另外，型号过多会给管理和维修带来很多不便，故应选用同一种型号。斜井、竖井井下排水泵站的水泵及排水管，应根据隧道设计涌水量、水质和扬程等因素确定。

工程施工中地层涌水量计算不可能很准确，为了排水安全，增加备用泵是既简单而又有效的措施，条文规定备用水泵的能力不应小于工作水泵的总能力，参照煤炭系统规定增加了 30%。

停泵水锤是指水泵机组因突然停电或事故时，造成开阀停车，会产生水锤，水锤会引起管道振动和噪声，产生瞬间的巨大冲击力，严重时将引起管道和阀门破坏，所以规定应进行停泵水锤压力计算。

规定每台水泵应能向 2 条排水管输水，目的是为了能保证排水的安全性和可靠性，即当其中一条管道检修或发生故障时，不致影响正常排水。每条排水管上设置放空管的目的是为了在检修管道时能将水放空排入水仓。

斜井、竖井井下排水泵站的水泵及排水管应符合下列要求：

(1)各排水泵站的水泵应选用一种型号；

(2)确定水泵扬程时，应考虑排水管淤积所增加的阻力，将计算的管道损失增加 70%；

(3)工作泵和排水管的能力，应能在 20 h 内排出 24 h 的隧道设计涌水量；

(4)应设有备用的水泵及排水管；

(5)工作和备用的水泵及排水管的总能力应能在 20 h 内排出 24 h 的隧道最大涌水量；

(6)备用水泵的配备能力不应小于工作水泵的总能力；

(7)当水泵设有止回阀或底阀时，应进行停泵水锤压力计算；当水锤压力值大于管道试验压力时，应采取消除水锤的措施；

(8)泵站中每台水泵均应能向 2 条排水管输水，每条排水管上应设置放空管及放水闸阀。

排水管的管材应根据水压、水质和敷设条件确定。无缝钢管、焊接钢管与铸铁管比较，具有壁薄、质轻、便于施工等优点。排水管道在竖井中安装比在斜井中条件困难，所以规定竖井中排水管应选用无缝钢管或焊接钢管。

排水管的管材应根据水压、水质和敷设条件应符合下列要求：

(1)排水管沿斜井敷设，当压力大于 1 MPa 时，不应采用铸铁管；

(2)排水管沿竖井敷设时，应选用无缝钢管或焊接钢管；

(3)涌水的 pH 值小于 5 时，排水设备应采取防腐蚀措施。当隧道涌水的 pH 值小于 5 时，属酸性水，排水泵应选用性能良好的耐酸泵，管道防酸有下列措施，应根据具体情况选用：

①采用硬聚乙烯管和玻璃钢管，压力可达 1.7 MPa，这种管材目前生产较少，且价格较贵，不宜采用；

②采用无缝钢管内衬塑料管；

③采用钢管内衬水泥砂浆。

参考文献

[1] 中铁九局集团有限公司. 铁路工程基本作业施工安全技术规程(TB 10301—2009)[S]. 北京:中国铁道出版社,2009.

[2] 中铁二十一局集团有限公司. 铁路路基工程施工安全技术规程(TB 10302—2009)[S]. 北京:中国铁道出版社,2009.

[3] 中铁十局集团有限公司. 铁路桥涵工程施工安全技术规程(TB 10303—2009)[S]. 北京:中国铁道出版社,2009.

[4] 中铁二局集团有限公司. 铁路隧道工程施工安全技术规程(TB 10304—2009)[S]. 北京:中国铁道出版社,2009.

[5] 中铁一局集团有限公司. 铁路轨道工程施工安全技术规程(TB 10305—2009)[S]. 北京:中国铁道出版社,2009.

[6] 中铁电气化局集团有限公司,中铁六局集团有限公司. 铁路通信、信号、电力、电力牵引供电工程施工安全技术规程(TB 10306—2009)[S]. 北京:中国铁道出版社,2009.

[7] 崔玖江. 盾构隧道施工风险与规避对策[J]. 隧道建设,2009,29(4):377～396.

[8] 李向国,黄守刚,张鑫. 高速铁路施工新技术[M]. 北京:机械工业出版社,2010.